蘭書坊

罗锦堂曲学研究丛书

明代剧作家考略

罗锦堂 著

陕西师范大学出版总社

图书代号：WX17N0140

图书在版编目(CIP)数据

明代剧作家考略/罗锦堂著. —西安：陕西师范大学出版总社有限公司，2017.4
（罗锦堂曲学研究）
ISBN 978-7-5613-8929-4

Ⅰ.①明… Ⅱ.①罗… Ⅲ.①剧作家—人物研究—中国—明代 Ⅳ.①K825.78

中国版本图书馆CIP数据核字（2017）第030356号

明代剧作家考略
MINGDAI JUZUOJIA KAOLÜE

罗锦堂　著

出版统筹	刘东风　陈维礼
选题策划	郭永新　任祚旺
责任编辑	彭　燕
特邀编辑	巩亚男
装帧设计	观止堂_未氓
出版发行	陕西师范大学出版总社
	（西安市长安南路199号　邮编：710062）
网　　址	http://www.snupg.com
印　　刷	中煤地西安地图制印有限公司
开　　本	787mm×1092mm　1/16
印　　张	9.75
插　　页	4
字　　数	97千
版　　次	2017年4月第1版
印　　次	2017年4月第1次印刷
书　　号	ISBN 978-7-5613-8929-4
定　　价	38.00元

读者购书、书店添货或发现印装质量问题，请与本公司营销部联系、调换。
电话：(029) 85307864　85303629　传真：(029) 85303879

序

　　罗锦堂教授小我六岁，又是甘肃老乡，自然感到亲切。由于他在新中国建立前就去了台湾，并在胡适先生主试下以博士论文《元杂剧本事考》成为台湾教育领域授予"文学博士"的第一人，他毕生从事曲学研究，著作等身，享誉中外。但因他的著作大多在海外出版，大陆比较难找，时为大陆喜好其著作者感到遗憾。这次欣闻陕西师范大学出版总社即将出版其曲学著作，颇感高兴。余以为此可谓曲学界一件极有意义的事情。

　　翻阅厚厚的长达千页的书稿《元杂剧本事考》《中国散曲史》《北曲小令谱·南曲小令谱》《明代剧作家考略》，有如下感受：

　　首先，资料丰富、考证有据，具有极高的学术价值。罗锦堂教授是一位真正的读书人，他几十年潜心学问，尤其是对曲学的研究，更是造诣极深，其成果具有极高的学术价值。譬如他的博士论文《元杂剧本事考》根据剧本内容将元杂剧分为八类：历史剧、社会剧、家庭剧、恋爱剧、风情剧、仕隐剧、道释剧和神怪剧，对研究元杂剧的分类影响很大。更有价值的是他对现存一百六十一种元杂剧的本事渊源进行深入细致考证，像他在该书《自序》中说"参考群籍，搜索其渊源，辨析其同异，则不唯可以增加读者欣赏之兴趣，更可窥见作者剪裁穿插，处理剧情之用心"，对读者全面了解元杂剧的故事流变、体味文化精神具有很大的启迪作用。再如，他的《中国散曲史》最大特点是线索清楚，勾勒清晰，内容丰富，正如他在《自序》中所说："我之所以写《中国散曲史》，主要目的，就是要把整个散曲的发展情形给大家做一个概括的介绍。"再如他所搜集整理的《北曲小令谱》《南曲小令谱》都具有较高的学术价值，尤其是《南曲小令谱》，如今较少见，故其出版，对今人写作南曲小令有极大的帮助。《明代剧作家考略》材料丰富，考证精确，显现出先生扎实的文献学功底，故所得结论可信。

其次，论证充分，结论令人信服。罗锦堂教授不是抓住只言片语而加之主观的猜度性阐释，而是本着有一分材料说一分话的原则，对中国戏曲的相关材料进行了细致入微的、可谓拉网式的梳耙，力图做到大量引用文献资料，然后再充分论证，水到渠成地得出结论，故结论具有较强的可信度。如《元杂剧本事考》在考述一个剧目的故事流变时，往往是在丰富的资料引证的基础上论证，故具有很强的说服力。譬如在考论马致远的《黄粱梦》时，锦堂教授由《列仙传》卷六吕岩条引述，再说到《太平广记》卷八十二所收唐人沈既济的《枕中记》；再由《文苑英华》本谈及《容斋四笔》卷一，从而对这一故事的演变作了清晰的勾勒："以此推论《搜神记》及《列子》所记,源本佛经之可能性。再由《枕中记》敷衍而成《黄粱梦》杂剧,其渊源永可寻绎而得也。"再如《中国散曲史》里论述"散曲的起源"等问题都具有这一特点。

再次,丰富的阅历、海外汉学的视野,增加了其著作的文化意义。罗教授1927年生于甘肃陇西的一个书香门第,1948年以优异成绩被保送上海国立复旦大学,旋即转赴台湾大学攻读中文,从而与曲学结下不解之缘。他又是台湾地区第一个文学博士。因为曲学研究,他与国学大师胡适、大书法家于右任、爱国名将张学良等有过密切交往。他先后在中国台湾、日本、中国香港等地的多所大学任教,后被聘为夏威夷大学东亚语言与文学系教授。如是的丰富阅历,增加了他的知名度,尤其是他长久的海外学术生涯使之具有融通中西的学术视野,掌握了海外汉学的动态,这些对促进国内的曲学研究具有一定的意义。

总之,不管从学术价值还是文化意义,以及两岸文化交流的角度来说,罗锦堂教授的曲学著作都值得在大陆出版,故在此我也要感谢陕西师范大学出版总社。我更坚信,其在大陆出版,必将惠及读者,也会受到广大读者的赞誉。

霍松林

2016年7月于陕西师范大学唐音阁

目次

第一章　明代剧作家叙说……………001

第二章　明代的杂剧作家……………014

第三章　明代的传奇作家……………048

第四章　明代的戏曲资料……………117

第一章　明代剧作家叙说

关于明代的戏剧作家，到目前为止，还没有一部比较完整的资料可供我们参考。虽然有贾仲名的《录鬼簿续编》、宁献王朱权的《太和正音谱》、吕天成的《曲品》、高奕的《新传奇品》、无名氏的《古人传奇总目》、黄文旸的《曲海目》、无名氏的《重订曲海总目》、北婴的《曲海总目提要补编》、支丰宜的《曲目表》、无名氏的《传奇汇考》《传奇汇考标目》、姚燮的《今乐考证》、王国维的《曲录》、马廉和赵万里的《曲录补正》、任中敏的《曲录校补》，以及最近始发现的祁彪佳所撰《远山堂曲品》和《远山堂剧品》等，给我们提供了不少宝贵的资料，可是那些资料，有的重复，有的记载不明，甚至有些还错误百出，大有商酌的余地。

除了以上所举诸书外，还有日本青木正儿博士的《中国近世戏曲史》、赵景深的《方志著录明清曲家考略》、郑振铎的《元明以来杂剧总录》、松凫室主的《现存杂剧传奇版本记》、安乐氏的《历代剧作家传略》、焦木氏的《六十种曲撰人考》、徐朔方的《戏曲杂记》，以及傅惜华的《明代杂剧全目》和《明代传奇全目》等，都是研究明代戏剧作家的重要参考书。尤其是日人八木泽元博士所著的《明代剧作家研究》一书，更有系统地把朱有燉、康海、李开先、陈与郊、梅鼎祚、汤显祖、臧晋叔、叶小纨等八人，作了一次详细的研究，其中有不少见解，是发前人之所未发，倍觉难能可贵；本文便是参考了以上诸书的记载，对于明代的剧作家，依照其作品性质的不同，及所处时代的先后，分为杂剧作家和传奇作家两类来叙述。先说杂剧作家。通常研究明代杂剧作家的人，都分为前期和后期。前期是起自明洪武帝初年（1368），到弘治、正德间，因为这时的作品，尚能继承元人余绪，北曲势力犹盛，其间尚多才智出众之士，统计起来，大约有下列二十六人：

罗　本	王子一	刘　兑	谷子敬	杨文奎	李唐宾
杨　讷	汤　式	唐　复	陈伯将	丁野夫	刘君锡
李士英	须子寿	金文质	汪元亨	郏　经	陆进之
贾仲名	黄元吉	陶国英	高茂卿	朱　权	宋　让
朱有燉	马惟厚

至于后期，是起自嘉靖以降，直到明代灭亡（1643）。这时北杂剧的势力，日见衰退，昆曲代之而起，因此制曲者，并不尽填北词，他们或作南曲，或用南北合套的办法，同时往往又突破北剧传统末或旦一角独唱的惯例；折数之多少，亦不限于四折，自一折至七八折皆有。由于在这个时期内，杂剧体制，顿形革新，因此作家辈出，较前

期有过之而无不及，据我们的统计，约有下列八十二人：

康　海	王九思	杨　慎	陈　沂	李开先	徐　渭
汪道昆	冯惟敏	梁辰鱼	陈　铎	胡汝嘉	陈自得
王　衡	王骥德	史　槃	吕天成	汪廷讷	陈继儒
桑绍良	梅鼎祚	王　澹	胡文焕	徐复祚	佘　翘
叶宪祖	屠本畯	田艺衡	林　章	陈与郊	张国筹
程士廉	杨之炯	朱恩鑰	许　潮	朱京藩	车任远
陈汝元	李逢时	湛　然	沈自徵	王应遴	徐阳辉
凌濛初	李磐隐	吴仁仲	杨维中	李　槃	徐羽化
王　湘	顾思义	董　玄	陈情表	李大兰	王淑忭
叶汝荟	诸葛味水	吴礼卿	杨伯子	胡士奇	黄中正
陈六如	钱　珠	陈清长	凌星卿	张大谌	谢天惠
王素完	傅一臣	孟称舜	卓人月	徐士俊	祁麟佳
祁骏佳	冶城老人	恒居士	吴中情奴	金粟子	铎梦野人
樵　风	收春醉客	陈□□	高□□		

以上总计，前期的杂剧作家，有罗本等二十六人，后期的杂剧作家，有康海等七十九人，再加上只署名号及名字失载的如冶城老人等九人在内，共有一百零八人；作品有三百四十九种，另外还有无名氏的作品一百七十四种，总共有五百二十三种。这是根据傅惜华《明代杂剧全目》一书的记载，虽然八木泽元在其《明代剧作家研究》一书的总论中所述，与此略有不同，但我们为了材料的处理方便起见，仍以傅氏的记载为准，把以上那些作家，按照他们姓氏笔画的多少，排列在下面，然后再依次系以简单的小传，说明他们的身世及其作品，

使研究明代戏曲的人,有一个全面性的认识,可省去翻检之劳。

丁野夫	王子一	王九思	王 衡	王骥德	王 澹
王应遴	王 湘	王淑汴	王素完	史 槃	田艺衡
朱 权	朱有燉	朱恩鐊	朱京藩	谷子敬	李唐宾
李士英	李开先	李逢时	李磐隐	李 槃	李大兰
汪元亨	汪道昆	汪廷讷	宋 让	吕天成	佘 翘
车任远	沈自徵	吴仁仲	吴礼卿	吴中情奴	冶城老人
收春醉客	金文质	金粟子	林 章	孟称舜	卓人月
祁麟佳	祁骏佳	恒居士	郏 经	胡汝嘉	胡文焕
胡士奇	唐 复	马惟厚	徐 渭	徐复祚	徐阳辉
徐羽化	徐士俊	桑绍良	凌濛初	凌星卿	高茂卿
高□□	陈伯将	陈 沂	陈 铎	陈自得	陈继儒
陈与郊	陈汝元	陈情表	陈六如	陈清长	陈□□
陆进之	陶国英	康 海	梁辰鱼	屠本畯	张国筹
张大谌	汤 式	须子寿	许 潮	黄元吉	黄中正
冯惟敏	梅鼎祚	程士廉	湛 然	傅一臣	杨文奎
杨 讷	杨 慎	杨之炯	杨维中	杨伯子	贾仲名
叶宪祖	叶汝荟	董 玄	刘 兑	刘君锡	诸葛味水
樵 风	钱 珠	谢天惠	顾思义	罗 本	铎梦野人

在以上一百零八人中,王澹、王骥德、王应遴、史槃、李开先、李逢时、汪廷讷、朱京藩、吕天成、佘翘、车任远、林章、孟称舜、胡文焕、徐复祚、徐阳辉、凌濛初、陈与郊、陈铎、陈汝元、梁辰鱼、湛然、梅鼎祚、杨之炯、叶宪祖等二十五人,又是兼写传奇的作

家，因而他们的小传，另见传奇作家之列。

其次是明代的传奇作家，要比杂剧作家多出两三倍，据傅惜华《明代传奇全目》的记载，有名号可考者，约三百五十人，作品有六百一十八种，另有无名氏的作品三百三十二种，总数有九百五十种之多，计分为南戏复兴时期的传奇作家，昆曲繁盛时期的传奇作家（上中下），即自嘉靖中叶时昆曲崛起，至崇祯末年止（1643），因为在这时南戏诸腔，渐形衰微，而昆曲作家则辈出，遍传各地，一时曲坛为其所独霸之故。无名氏传奇作家（上下）两节，即自朱元璋灭元建国的洪武初年起（1368），至嘉靖初年止（1522），因为在这时北杂剧日趋衰落，而南戏继之复兴之故。南剧复兴时期的作家，计有以下二十四人：

崔时佩	李景云	邱濬	姚茂良	邵灿	李日华
沈受先	沈鲸	王济	陈铎	沈采	席正吾
徐霖	陈罴斋	郑汝耿	丁鸣春	方谕生	苏复之
郑若庸	王炉峰	李开先	陆采	谢谠	秦鸣雷

昆曲繁盛时期的传奇作家（上），计有以下四十九人：

梁辰鱼	张凤翼	王世贞	薛近兖	林章	张翀
梅鼎祚	屠龙	龙膺	汤显祖	沈璟	顾大典
卜世臣	陆弼	王穉登	马守真	顾允默	顾懋宏
黄惟楫	叶良表	顾觉宇	汪廷讷	文九玄	郑之珍
张四维	陈与郊	许三阶	许自昌	高濂	臧懋循
周朝俊	郑之文	徐复祚	孙柚	谢天祐	吴大震
单本	金怀玉	程文修	吴世美	陈汝元	周履靖

林世吉　　袁宏道　　史槃　　王澹　　叶宪祖　　王骥德
吕天成

昆曲繁盛时期的传奇作家（中），计有以下五十二人：

郑国轩　　徐元　　　王应山　　戴应鳌　　刘还初　　胡文焕
车任远　　佘翘　　　纪振伦　　吴德修　　蒲俊卿　　陆华甫
苏元俊　　祝长生　　戴子晋　　张太和　　黄伯羽　　钱直之
章大纶　　谢廷谅　　陆济之　　全无垢　　杨柔胜　　龙渠翁
卢鹤江　　王玉峰　　王錂　　　杨珽　　　朱鼎　　　汤家霖
王恒　　　端鳌　　　吴鹏　　　张从德　　陆江楼　　李玉田
顾瑾　　　翁子忠　　邹逢时　　赵于礼　　张景岩　　朱期
杨之炯　　汪肇郚　　冯之可　　沈祚　　　黄廷俸　　吾邱瑞
高一苇　　王异　　　施凤来　　孙钟龄

昆曲繁盛时期的传奇作家（下），计有以下一百五十三人：

陈鹤　　　陈宗鼎　　陈开泰　　李阳春　　彭南溟　　王元寿
董应翰　　童养中　　王国柱　　何斌臣　　许宗衡　　张竹亭
汪湛溪　　徐应乾　　李既明　　穆成章　　陈显祖　　谢惠
朱少斋　　胡遵华　　陈情表　　陈贞贻　　王㷭　　　许以忠
夏邦　　　王万几　　陈世宝　　王玉门　　郑元禧　　谢恩
黄日　　　程九鸣　　陈六龙　　王畿　　　戴之龙　　张子贤
王昆玉　　程良锡　　朱道明　　王洙　　　闻王　　　王伯原
徐胤佳　　吴于东　　孙一化　　汪景旦　　许次纾　　程守兆
包胤祺　　陈德中　　沈惟生　　梁玉儿　　韩上桂　　王韶
王潾　　　盛于斯　　王玄旷　　沈椁　　　金三秉　　张应昌

任皞臣	沈应召	何㮚	陈衷脉	黄中正	高汝拭
徐阳辉	陈龙光	朱京藩	黄梓吾	湛然	王应遴
吴文义	王五完	程从周	赵蕳如	周继鲁	张其礼
冯延年	邵春怀	鲁怀德	金成初	胡湛然	古时月
黄澜	叶俸	叶碧川	周禹锡	范世彦	谢国
周锡珪	夏均正	叶泰华	吴怀绿	李素甫	邹玉卿
汤子垂	朱九经	姚子翼	吴玉虹	周公鲁	沈君谟
路迪	孟称舜	宋从龙	凌濛初	范文若	祁彪佳
吴炳	李梅实	季世儒	徐肃颖	王光鲁	邱相卿
许炎南	吴溢	蒋麟徵	王紫涛	王鸣九	王翔千
程丽先	程子伟	李雨商	刘蓝生	史玄	梅孝己
姜以立	李逢时	顾苓	汪芗	范受益	沈季彪
李长祚	范震康	李宗泰	韩畾	苗君稷	杨静
黄大可	吴麒	苗冠	陈二游	蒋易	蒋鼐
曹大章	沈一枝	宗柏	李岳	俞筠	王芸
杜俊	沈自昌	蒋世纪			

至于明代只有别号而不具名，或姓名失载的作家，计有下列七十二人：

华山居士	月榭主人	秋阁居士	心一子	涵阳子
两宜居士	笔花主人	庚生子	更生氏	近斋外翰
秦台外史	琼飞仙侣	无心子	秋郊子	玩花主人
欣欣客	心一山人	锦窝老人	寰宇显圣公	寄鸣道人
木石山人	长啸山人	青山高士	若水居士	寒潭主人

竹林逸士	觉非子	阳明子	闲闲子	汉上公
潋南子	白凤词人	三吴居士	清阮堂	樵 风
水云逸史	初阳子	翀圆生	仲 仁	隐 求
鹏鹗居士	青霞仙客	龙门山人	松朣道人	研雪子
固无居士	磊道人	癯先生	西冷长	雪蓑渔隐
清啸生	朣道人	东村学究	五云村人	云谷叟
涉 翁	雪溪子	铁桥生	云淡散人	苍岩子
山阳道人	月石子	云水道人	硕 园	澹慧居士
周□□	章□□	夏□□	柳□□	潘□□
潘□□	孙□□			

总计以上各期所有的传奇作家，在南戏复兴时期内，有崔时佩等二十四人，在昆曲繁盛时期（上）内，有梁辰鱼等四十九人，在昆曲繁盛时期（中）内，有郑国轩等五十二人，在昆曲繁盛时期（下）内，有陈鹤等一百五十三人；在只署别号或失载姓名的作家内，有华山居士等七十二人，合起来共有三百五十人，这个数目，是相当可观的。我们为了翻检方便起见，仍然把以上那些作家，按照其姓氏的笔画多少，排列在下面：

丁鸣春	卜世臣	三吴居士	山阳道人	王 济	王炉峰
王世贞	王穉登	王 澹	王骥德	王应山	王玉峰
王 錂	王 恒	王 异	王元寿	王国柱	王 烋
王万几	王玉门	王 畿	王昆玉	王 洙	王伯原
王 韶	王 潾	王玄旷	王应遴	王五完	王光鲁
王紫涛	王鸣九	王翔千	王 芸	方谕生	文九玄

月榭主人	心一子	心一山人	木石山人	水云逸史	五云村人
史槃	史玄	古时月	白凤词人	包胤祺	全无垢
竹林逸士	西泠长	任睥臣	仲仁	李景云	李日华
李开先	李玉田	李阳春	李既明	李素甫	李梅实
李雨商	李逢时	李长祚	李宗泰	李岳	沈受先
沈鲸	沈采	沈璟	沈祚	沈惟生	沈棹
沈应召	沈季彪	沈一枝	沈自昌	沈君谟	汪廷讷
汪肇郤	汪湛溪	汪景旦	汪芗	吴大震	吴世美
吴德修	吴鹏	吴于东	吴文义	吴怀绿	吴玉虹
吴炳	吴溢	吴麒	朱鼎	朱期	朱少斋
朱道明	朱京藩	朱九经	吕天成	车任远	佘翘
吾丘瑞	杜俊	何斌臣	何樑	宋从龙	祁彪佳
更生氏	近斋外翰	初阳子	邱濬	邱相卿	邵灿
邵春怀	林章	林世吉	金成初	金怀玉	金三秉
周朝俊	周履靖	周继鲁	周禹锡	周锡珪	周公鲁
周□□	孟称舜	季世儒	祝长生	施凤来	胡文焕
胡遵华	胡湛然	姜以立	苗君稷	苗冠	宗柏
两宜居士	庚生子	玩花主人	欣欣客	长啸山人	青山高士
青霞仙客	松朣道人	固无居士	东村学究	范文若	范受益
范震康	范世彦	俞筠	秋阁居士	秋郊子	若水居士
柳□□	姚茂良	姚子翼	席正吾	徐元	徐霖
徐复祚	徐应乾	徐胤佳	徐阳辉	徐肃颖	马守真
秦鸣雷	秦台外史	高濂	高一苇	高汝拭	凌濛初

翀圆生	涉翁	孙柚	孙钟龄	孙一化	孙□□
袁宏道	纪振伦	翁子忠	夏邦	夏均正	夏□□
崔时佩	章大纶	曹大章	涵阳子	陈铎	陈黑斋
陈与郊	陈汝元	陈鹤	陈宗鼎	陈开泰	陈显祖
陈情表	陈贞贻	陈世宝	陈六龙	陈德中	陈衷脉
陈龙光	陈二游	陆采	陆弼	陆华甫	陆济之
陆江楼	张凤翼	张翀	张四维	张太和	张从德
张景岩	张竹亭	张子贤	张应昌	张其礼	寄鸣道人
闲闲子	清阮堂	清啸生	研雪子	雪蓑渔隐	雪溪子
屠龙	彭南溟	童养中	梁辰鱼	梁玉儿	盛于斯
许三阶	许自昌	许宗衡	许以忠	许次纾	许炎南
汤家霖	汤显祖	汤子垂	阳明子	寒潭主人	黄惟楫
黄伯羽	黄廷俸	黄日	黄中正	黄粹吾	黄澜
黄大可	云水道人	云淡散人	云谷叟	笔花主人	湛然
梅孝己	梅鼎祚	无心子	章□□	华山居士	单本
路迪	程文修	程九鸣	程守兆	程从周	程丽先
程子伟	程良锡	杨柔胜	杨珽	杨之炯	杨静
叶良表	叶宪祖	叶俸	叶碧川	叶泰华	冯之可
冯延年	端鳌	硕园	董应翰	邹玉卿	邹逢时
闻王	蒲俊卿	赵于礼	赵蕳如	苍岩子	郑汝耿
郑之珍	郑若庸	郑之文	郑国轩	郑元禧	谢谠
谢天祐	谢廷谅	谢惠	谢恩	谢国	卢鹤
刘还初	刘蓝生	钱直之	穆成章	臧懋循	樵风

汉上公	蒋麟征	蒋易	蒋鼐	蒋世纪	龙膺
龙渠翁	龙门山人	磊道人	暨廷熙	锦窝老人	寰宇显圣公
隐求	戴应鳌	戴子晋	戴之龙	鲁怀德	潘□□
澹慧居士	薛近兖	韩上桂	韩畾	苏复之	苏元俊
琼飞仙侣	瀫南子	鹏鶋居士	顾大典	顾允默	顾懋宏
顾觉宇	顾瑾	顾苓	觉非子	铁桥生	臞道人
癯先生					

在以上三百五十人中，王澹、王骥德、王应遴、史槃、李开先、李逢时、汪廷讷、朱京藩、吕天成、车任远、佘翘、林章、孟称舜、胡文焕、徐复祚、徐阳辉、凌濛初、陈与郊、陈铎、陈汝元、梁辰鱼、湛然、梅鼎祚、杨之炯、叶宪祖等二十五人，除了写传奇外也兼写杂剧，因此他们的小传，既见于杂剧家之列，又见于传奇家之列，这完全是为了读者的方便而然。

在此不得不一提者，在明代的剧作家中，尚有朱权，除作杂剧外，王国维《曲录》中，以为他尚撰有传奇《荆钗记》，但王氏此说，并无确据。还有作《琵琶记》的高明，历来写文学史的人，都把他放在明代剧作家中叙述，但高氏是元末至正四年（1344）的进士，曾官浙江、江西、福建等，名重一时。至正十六年（1356），方国珍起兵据浙江庆元，欲聘之幕下，不赴，便旅居宁波县的栎社，以词曲自娱，乃作《琵琶记》。及明太祖即位，闻其名召之，以疾辞，不久即卒于宁海（浙江会稽），由此看来，高明实为元代曲家，故本书不收。其次是作《杀狗记》的徐畛，字仲由，淳安人。幼颖悟，日记五千字；及长，博习经史百家之书，善属文，乡里推其为祭酒。

洪武初，辟教邑庠三年，自免去。已诏征秀才，强起之。至藩省，力辞而归。号巢松病叟，葛巾野服，优游山水间，以诗酒自放，著有《松巢集》。尝曰："吾诗文未足品藻，惟传奇词曲，不多让古人。"朱彝尊《静志居诗话》又举其小令《满庭芳》评之曰："比之张小山、马东篱，亦不多逊。"但近人吴梅则说："《杀狗》鄙陋庸劣，直无一语足取，有才者不宜如是也……或者《杀狗》久已失传，后人伪托仲由之作，羼入歌舞场中耳。不然，不应与小令如出两人之手，且有天渊之别也。"（《顾曲尘谈》卷下）这是一段很有见地的话，姑从之。再其次是卜不矜，字竽公，为卜大有的曾孙，诸生。性恬雅，隐居啸傲，以诗文自娱，尤工曲律，著有《复觚集》八卷，并有《仗头钱》《鸳鸯南北》诸剧（《嘉兴府志》卷五三），但卜氏乃由明入清，大半生的时间，是在清朝度过，犹如袁于令、阮大铖、李玉、吴伟业、李渔、尤侗等一样，都应该放在清代剧作家中去。又其次有女作家叶小纨，曾著《鸳鸯传》杂剧，又著有《午梦堂集》《存余草》《己畦集》；钱谦益的《列朝诗集》（闰集第四）、《乾隆吴江县志》（卷三十四）、王昶的《明词综》（卷十一）等，都有关于她的记载，尤其在八木泽元的《明代剧作家研究》一书中，更有详细的研究。我们根据八木泽氏所作的《叶小纨年谱》，可知她是生在明神宗万历四十一年（1613），约卒于清顺治十七年（1660），共活了四十六岁的光景，明亡时（崇祯十七年，1644），她已是三十二岁，而《鸳鸯梦》杂剧的撰成，据叶小纨的舅父沈君庸为此剧所作的小序，谓成于崇祯丙子（九年）秋日，那时小纨只有二十四岁。因此王国维的《曲录》、吴梅的《中国戏曲概论》，都把她放在明代。可是黄文旸的《曲海目》和姚梅伯的《今乐考证》，欲把她列入清朝，这是一种错误，傅惜华的《明代全目》，可能是受了黄姚二氏的影响，便把叶小纨放在清代剧作家中了，在此特予说明。另外还有黄方儒，号醒狂散人，著有《陌花轩》杂剧，凡十折，计：倚门四折、再醮一折、淫僧一折、偷期一折、督妓一折、娈童一折、惧内一折皆举世井敝俗，描摹出之，颇饶情趣，但在傅氏的《明代杂剧全目》中，也未曾收录，自应补入。这样说来，明代所有的剧作家，共四百五十八人，在此四百五十八人中，除去既作杂剧，又兼作传奇的二十五人外，实有数目为四百三十三人，另补入叶小纨、黄方儒两人，总计有四百三十五人之多。再加上我在《明代戏曲的发展》一文（《文学世界》第九卷第二期）中所统计出来不作戏曲而专作散曲的二百四十五人在内，整个明代的能曲之士，约有六百八十人之谱，当然这个数字，还不是十分完备的记录，或者要更多一点，那只有留待以后的补正了。

第二章　明代的杂剧作家

丁野夫　名不详。西域回纥人。元末西监生。羡钱塘风物之胜,乃移家于钱塘南郊外梅村。夏文彦《图绘宝鉴》(卷五)称其善画山水人物,学马远、夏珪,笔法颇类,所作小景,皆取诗意。工乐府、套数,小令极多,隐语亦佳,驰名寰海。所制杂剧有《碧梧堂双鸾栖凤》《月夜赏西湖》《游赏浙江亭》《写尽清风领》《俊憨子》五种,惜皆不传。

王子一　名、号不详。生于元末。籍里及生平事迹均无可考。《太和正音谱》"古今群英乐府格势",评论明初戏曲作家十六人,而列王子一于首,称其作品风格,"如长鲸饮海",且曰:"风神苍古,才思奇瑰,如汉庭老吏判词,不容一字增减,老作老作。其高处,如披琅玕而叫阊阖者也。"所作杂剧有《刘晨阮肇误入天台》《莺燕蜂蝶》《楚台云》《海棠风》四种,但传世者仅《误入天台》一种。

王九思 字敬夫,号渼陂,别署紫阁山人。陕西鄠县(今陕西户县)人。弘治九年(1496)进士。选庶吉士,授翰林院检讨。值刘瑾乱政,翰林悉调部属,九思改吏部主事,历郎中。九思为人傲睨多疏脱,人或谗之于相国李东阳,谓九思常讥其诗。后坐刘瑾党,责罚九思及康海独严,降寿州同知,寻敕致仕。于是九思愤懑不堪,作《杜子美沽酒游春记》杂剧,力诋李东阳。九思与康海、何景明等,号为"十才子"。尤善歌弹,工于词曲,所制杂剧有《杜子美沽酒游春记》《中山狼》两种,至今流传。著有《渼陂集》《渼陂续集》《碧山新稿》《碧山续稿》《碧山诗余》《碧山乐府》《鄠县志》等。成化四年(1468)生,嘉靖三十年(1551)卒,年八十四岁。

王　衡 字辰玉,别署蘅芜室主人,江苏太仓(今江苏太仓市)人,王锡爵子,幼聪颖,读书五行俱下。锡爵忤张居正,衡时年十三,和《归去来辞》以寄,锡爵叹曰:"不去将为孺子笑!"遂即日归。而馆阁中相传写其文。万历十六年(1588)衡举顺天乡试第一,二十九年(1601)会试成进士,廷试第二,授翰林院编修。是岁奉使江南,因请终养归。三十七年(1609)病疡卒,年四十九岁。诗文俱称名家,尤长经世略,注意边务,论者多惜其未用（以上本《太仓州志》卷一九）。著有《緱山集》《纪游稿》《春秋纂注》《论语驳议》《诸子类语》《归田词》等集。所制杂剧有《王摩诘拍碎郁轮袍》《没奈何哭倒长安街》《再生缘》《裴湛和合》四种，前三种盛传至今，后一种已佚。

王骥德 字伯良，一字伯骥，号方诸生，别署秦楼外史，浙江会稽（在今江苏绍兴市）人，自幼性嗜歌乐，遂精研词曲，至壮不衰，以散曲负盛名于当时。始师同里徐渭，即以知音互赏，继与戏曲家沈璟讨论音律，最为沈氏所推服。又与吕天成、孙镇、孙如法并为词友，而以吕氏相交最早，尤称莫逆。一时戏曲家相善者，尚有顾大典、史槃、王澹翁、叶宪祖辈，并汤显祖亦在知好之列，尝设席山阴署中，与毛以燧研讨词曲，入都门时，同好集于米氏湛园，邀往讲习《西厢记》，赋诗以传，一时目为奇事。著有《方诸馆集》《方诸馆集乐府》《曲律》《南词正韵及传奇》一种；所制杂剧《男王后》《金屋招魂》《弃官救友》《两旦双鬟》《倩女离魂》五种，仅存《男王后》一种。又校注《西厢记》《琵琶记》两种。卒于天启三、四年间（1623—1624）。

王　澹 字澹翁，别署澹居士，浙江会稽人。生平事迹待考。著有《墙东集》，杂剧作品有《樱桃园》一种，幸传于世，另有传奇二种。又有散曲《欸乃编》，未见流传。王骥德尝称"澹与史槃，皆自能度曲登场，体调流丽，优人便之，一出而搬演几遍国中"云。

王应遴 字葍父，号云来，别署云来居士。浙江山阴（在今浙江绍兴市）人，明崇祯时官大理寺评事，诰敕房办事中书舍人；礼部员外郎。精通历象医术，曾参与天启时修历事，著有《王应遴杂集》《乾象图说》《备书》《慈无量集》等。所制杂剧仅有《衍庄新调》一种，尚传于世。另有传奇《清凉扇》一种，未见。明亡时，殉节死。

王　湘 字、号、籍里及生平事迹皆不详。所作杂剧有《梧桐雨》一种，今未传世。

王淑忭 字、号、籍里、生平事迹皆不详。所制杂剧有《蟠桃记》一种，今未传世。

王素完 字、号、籍里、生平事迹皆不详。所制杂剧有《玻璃镜》一种，今未传世。

史　槃 字叔考，浙江会稽人，工于词曲，与王骥德县相友善，同师事徐文长，所为书画，酷似文长，即文长亦不能自辨。著有《童毅斋集》，所制杂剧有《苏台奇构》《三卜真状元》《清凉扇余》三种，均未见流传。又散曲曰《齿雪余香》，已失传。至于所作传奇共有十七种之多，但多散佚不全。槃生于嘉靖九年（1530）左右，卒年约在崇祯三年（1630），将近百岁。

田艺衡 字子艺，浙江钱塘（今浙江杭州市）人，田汝成子，以岁贡为休宁教谕，博学善属文；所著《大明同文集》《田子艺集》《留青日札》《煮泉小品》等，博闻好奇，世以之比杨慎。为人高旷磊落，至老愈豪，杂剧作品可考者仅有《归去来辞》一种，惜未传于世。

朱　权 明太祖第十六子，嗜学博古，负气好奇，自髫龀时，自称大明奇士。晚慕冲举，号臞仙，另涵虚子，丹邱先生，皆其别署。其所论著，及于卜筮修炼琴弈诸书，喜制博山炉及古瓦砚，皆极精致；尤工戏曲，著有《太和正音谱》一编，盛传至今，为研究元明北曲要籍。其他四部著述，亦甚宏富，明洪武二十四年（1391）就封大宁，至永乐元年（1403）改封于南昌，清朱彝尊《列朝诗集》谓："江右俗故质朴，俭于文藻，士人不乐声誉，王弘奖风流，增益标胜，博学好古，诸书无所不窥，旁通释老，尤深于史，凡群书有秘本，莫不刊布国中。"正统十三年（1448）卒，谥献王。所制杂剧有《冲漠子独步大罗天》《卓文君私奔相如》《淮南王白日飞升》《周武帝辩三教》《齐桓公九合诸侯》《肃清瀚海平胡传》《北丰大王勘妒妇》《杨娭复落娼》《瑶天笙鹤》《豫章三害》《烟花鬼判》《客窗夜话》等十二种，现存者仅《冲漠子独步大罗天》及《卓文君私奔相如》两种。

朱有燉 明太祖第五子周定王朱橚长子，全阳子、全阳道人、全阳翁、全阳老人、老狂生、锦窝老人、诚斋等，皆其别署。遭世隆平，勤学好古，留心翰墨。谙晓音律，所作杂剧散曲，甚为宏富。杂剧凡三十一种，总名《诚斋乐府》，至今尚传于世，明李梦阳《汴中元宵绝句》曰："中山儒子倚新妆，赵女燕姬总擅场。齐唱宪王新乐府，金梁桥外月如霜。"沈德符《顾曲杂言》称："诚斋乐府，至今行世，虽警拔稍逊古人，而调入弦索，稳惬流利，犹有金元风范。"清朱彝尊《列朝诗集》，亦谓其"音律谐美，流传内府，至今中原弦索多用之"。明洪武十二年（1379）有燉生于凤阳（今安徽凤阳县），洪熙元年（1425）袭封周王。奉藩多暇，杂剧多制于此时之后。正统四年（1439）年六十一岁，卒于开封，谥曰宪王。所写诗文有《诚斋新录》《诚斋集》《诚斋遗稿》及《诚斋词集》等。所作杂剧有：《甄月娥春风庆朔堂》《美姻缘风月桃景》《清河县继母大贤》《赵贞姬身后团圆梦》《刘盼春守志香囊怨》《宣平巷刘金儿复落娼》《福禄寿仙官庆会》《神后山秋狝得驺虞》《黑旋风仗义疏财》《紫阳仙三度常椿寿》《东华仙三度十长生》《群仙庆寿蟠桃会》《瑶池会八仙庆寿》《吕洞宾花月神仙会》《洛阳风月牡丹仙》《天香圃牡丹品》《十美人庆赏牡丹园》《张天师明断辰钩月》《孟浩然踏雪寻梅》《小天香半夜朝元》《李妙清花里悟真如》《李亚仙花酒曲江池》《惠禅师三度小桃红》《搊搜判官乔断鬼》《豹子和尚自还俗》《兰红叶从良烟花梦》《河嵩神灵芝庆寿》《四时花月赛娇容》《南极星度脱海棠仙》《文殊菩萨降狮子》《关云长义勇辞金》等三十一种，至今尚传。

朱恩鑪 或云朱宪炂（见拙译《明代剧作家总论》，《大陆杂志》第三十一卷第四期），明宗室，封辽王，雅工诗词，尤精音律，所制杂剧传奇，以及小词艳曲，最称独步，按《辽邸记闻》载："寻复安置凤阳，而编撰卖花声诸词数百阕，流传江表，含思凄楚，不减南唐后主。"所作散曲有《唾窗绒》及《春风十调》，杂剧有《金儿弄瓦记》《误佳期》《玉栏杆》三种，皆未传于世。

朱京藩 一作京樊，字价人，别署不可解人。籍里及生平事迹待考。戏曲作品，有传奇一种，尚传于世，杂剧有《玉珍娘》一种，未见传流。

谷子敬 名、号不详，江苏金陵（今江苏南京市）人，元末时官枢密院掾史，明洪武初，戍源时。明《周易》，通医道，口才捷利，所制词曲隐语，盛行于世，尝下堂而伤一足，终身有忧色，乃作【耍孩儿】乐府十四煞，以寓其意，极为工巧。所作杂剧有《吕洞宾三度城南柳》《邯郸道卢生枕中记》《昌孔目雪恨闹阴司》《司牡丹借死还魂》《卞将军一门忠孝》五种，仅存《城南柳》，其他皆不传，《太和正音谱》评论"古今群英乐府格势"，喻其作品风格"如昆山小片玉"，又称"其词理温阔，如璆琳琅玕，可荐为郊庙之用，诚美物也"。

李唐宾 号玉壶道人。江苏广陵（今江苏扬州市广陵区）人，官淮南省宣使，杂剧家贾仲名《录鬼簿续编》称其"与余交久而敬，衣冠济楚，人物风流。文章乐府清丽"。所制杂剧《李云英风送梧桐叶》及《梨花梦》二种，仅有《梧桐叶》一种流传于世。《太和正音谱》论"古今群英乐府格势"，尝喻其作品风格，谓"如孤鹤鸣皋"。

李士英 字、号不详。浙江钱塘人，向以医道闻名于世，工于隐语，所制极妙，尤善词曲，杂剧作品《金章宗御赛诗禅记》《折征衣》《群花会》三种，惜未传流，杂剧家贾仲名尝称其人"天资明敏，秉性刚烈，人难犯之"。

李开先 字伯华，号中麓，山东章丘（今山东济南市章丘区）人，嘉靖八年（1529）进士，除户部主事，改吏部，历员外郎中，擢太常少卿，提督四夷馆。年四十，罢官归里。开先为文，一篇辄万言，诗一韵辄百首，不循格律，诙谐调笑，信手放笔。所著词多于文，文多于诗。初与王慎中、唐顺之、陈束、赵时春、熊过、任瀚、吕高等，号为嘉靖"八才子"。藏书之富，甲于齐东；词曲尤多，有"词山曲海"之称。归里后，蓄声伎，征歌度曲，为新声小令，搊弹放歌，自谓马东篱、张小山无以过也。尝访康海、王九思于武功、鄠杜间，赋诗度曲，二公恨相见之晚云。撰有传奇三种，又尝改订元人杂剧乐府数百卷，搜集市井艳词诗禅对类之属，多流俗琐碎，为"士大夫"所不道者。著述有《中麓闲居集》《中麓乐府》《中麓山人拙对》《中麓画品》《发明琴谱》《山东盐法志》等。开生于弘治十四年（1501），卒于隆庆二年（1568），年六十八岁。所作杂剧有《园林午梦》《打哑禅》《搅道场》《乔坐衙》《昏斯谜》《三枝花大斗土地堂》《皮匠参禅》七种，前六种合称为《一笑散》，仅《打哑谜》及《园林午梦》有传本，余皆亡佚。至于后一种，《今乐考证》，则误为李日华作。

李逢时　字九标，浙江钱塘人，生平事迹待考。戏曲作品，仅见杂剧《酒憨》一种行世；传奇一种，未见。

李磐隐　名、号、籍里、生平事迹今皆不详。杂剧作品有《度柳翠》一种，未见传世。

李　槃　字、号、籍里、生平事迹今皆不详。杂剧作品，共有下列：《首阳高节》《独居教子》《庳国君》《夏六贤》《鲁敬姜》《周文母》《王开府》《赵宣孟》八种，惜皆不传。

李大兰　字、号、籍里、生平事迹今皆不详。杂剧作品有《斐渭源》《白丽洞》《华阳叟》《访师论道》《老归正道》五种，均未传于世。

汪元享　或作元亨，字、号不详，饶州（今江西鄱阳县）人，浙江省掾。后徙居于常熟，著有《归田录》一百篇，见重于时，惜今未传。元至正间，与杂剧家贾仲明交于吴门。所制杂剧有《刘晨阮肇桃源河》《娥皇女英斑竹记》《仁宗认母》三种，俱不见传本。

汪道昆 字伯玉，一字玉卿，号南溟，一号南明，又号太函，晚号函翁。安徽歙县人，嘉靖二十六年（1547）进士，除义乌知县，历官襄阳知府，福建副使、按察使，擢右佥都御史，巡抚福建，改郧阳，进右副都御史，巡抚湖广，官至兵部侍郎，其令义乌时，教民讲武，人人能投石超距，世称"义乌兵"。官福建时，福宁兵变，昆单骑入军门，斩首事者以徇，一军皆肃。嘉靖四十一年（1562），倭寇陷兴化，全闽大震，道昆走浙乞师，总兵官戚继光，将兵八千赴援。又与戚继光募"义乌兵"，破倭寇。后乞养归，尝与李攀龙、王世贞辈切劚为古文辞。世贞称其为文简而有法，由是名大起，世贞亦常贰兵部，天下称为"南北两司马"。道昆生于嘉靖四年（1525），卒于万历二十一年（1593），年六十九岁，著有《太函集》《南溟副墨》《太函遗书》《春秋左传节文》《赢诎令名谱》等，杂剧作品，仅存《大雅堂乐府》四种行于世，计为《高唐记》《洛神记》《五湖记》《京兆记》。另有《唐明皇七夕长生殿》一种，未见传本。

汪廷讷 字昌朝，一作昌期，号无如，别署坐隐先生、无无居士、全一真人、清痴叟。安徽休宁人，官至盐运使；博学能文，耽情诗赋，兼爱填词，著有《环翠堂集》《华衮集》《无如子正续赘言》《文坛列俎》《人镜阳秋》等。曾作传奇十三种，总题《环翠堂乐府》。所撰杂剧有《广陵月重会姻缘》《青梅佳句》《诡南为客》《捐衾嫁婢》《太平乐事》《中山救狼》六种，仅前一种尚存，其他皆不见流传。

宋　让　字、号不详，安徽广阳（在今安徽石台县）人，生平事迹亦无考，仅知为明初洪武时人，杂剧作品有《客窗夜话》一种，今亦未传于世。

吕天成　原名文，字勤之，号棘津，别署郁蓝生，浙江余姚人，吕姜山子，童年嗜声律，善词曲，既为诸生，兼工古文辞，其祖母孙太夫人，好储书，于古今戏剧靡不购存，故天成泛澜极博，所著《烟鬟阁传奇》十种。始工绮丽，才藻煜然，后最膺沈璟，改辙从之，稍流质易，然宫调字句平仄，兢兢恪守，不少假借。沈璟生平著述，悉授天成，并为刻播，与王骥德称文字交，垂二十年，每抵掌读词曲，曰昃不休，又擅摹写丽情亵语，世所传《绣榻野史》《闲情别传》二种小说，皆其少年游戏之举，《曲律》称其"风貌玉立，才名藉甚，青云在襟袖间，而如此人曾不得四十，一夕溘逝，风流顿尽"。约生于明万历五年（1577）顷，卒于万历四十二年（1614）左右。所著《曲品》两卷，为今日研究明代戏曲作品最重要之资料，盛传于世。所作杂剧有《齐东绝倒》《秀才送妾》《胜山大会》《夫人大》《儿女债》《耍风情》《缠夜帐》《姻缘帐》八种，仅前一种尚存，其他皆不传。

佘　翘　字聿云，一作聿文，安徽铜陵人，四岁授书，即能成诵，长遂悉究经文，诗古文皆有名，临川汤显祖见而奇之，呼为小友。明万历十九年（1591）领乡荐，屡上春官不第，著书以老，著有《翠微集》《浮斋集》《偶记》等编，亦工戏曲，曾制传奇两种，另有杂剧一种，名《锁骨菩萨》，未传于世。

车任远 字远之，号梶斋，别署舜水蓬然子。浙江上虞人，蔚有才情，结撰亦富。与陶望龄同时，所制杂剧有：《蕉鹿梦》《高唐梦》《邯郸梦》《南柯梦》《福先碑》五种，仅存《蕉鹿梦》一种，其他皆不传。另有传奇一种，亦不见传。

沈自徵 字君庸，江苏吴江（今江苏苏州市吴江区）人，沈玩子（见《名臣传》），沈璟侄。国子监生，据《吴江县志》卷三十二文学类本传，知其幼自负，喜谈兵，为大言，父授以田五十亩，乃笑曰："吾家祖业恒丰，自父以清苦结百姓欢，载家租住饷官署，而先业堕焉。有世上男子而五十亩者耶？"一朝尽弃之，得二百金，赒周亲，飨宾客立尽。天启末入京师，遂历游西北边塞，窥其形胜。还而亹亹谈不置。于山川陆原要害，如视诸掌。居京师十年，为诸大臣筹划兵事，皆中机宜，名声大振，而橐中亦累数千金。乃归乡，装置房舍于府城之阊门，甚宏丽。置良田千亩，给昆弟宗族及故人数百金。己念早丧，未尝一日养，尽取所置房舍田亩，归释氏宫，资母冥福，仍作媭人。隐于邑之西乡，茅屋躬耕，豁如也。崇祯七年（1635），叶绍颙巡按广东，海寇刘香作乱，遣使问策。自征密函授计绍颙，遂与平两广，受敕奖。崇祯十三年（1640）国子祭酒某荐诸朝，以贤良方正辟，自徵曰："吾肆志已久，岂能戴腰冠首受墨吏束缚耶？"辞不就，后卒于家。自征颖悟绝人，为诗文立就，不一体，亦不录稿，故无集。明万历十九年（1591）生，崇祯十四年（1641）卒，年五十一岁。所制杂剧有《傻狂生乔脸鞭歌妓》《杨升庵诗酒簪花髻》《杜秀才痛哭霸亭秋》三种，并传于世。著名女剧作家叶小纨（叶有《鸳鸯》杂剧），即为君庸的外甥女。

吴仁仲 号蘅芜室（另在松凫室主之《现存杂剧传奇版本记》一文中，则以为系王衡别号，不确）。至于字里及生本事迹，亦皆不详。所作杂剧有《再生缘》一种，见于《盛明杂剧》二集（现存日本内阁文库）。

吴礼卿 字、号、籍里、生平事迹今皆不详。待考。杂剧作品有《娻童公案》一种，未见传世。

吴中情奴 姓名、字、号不详，生平事迹无考，仅知为江苏吴县（今江苏苏州市吴中区）人，或云即王伯毂，不知确否，杂剧作品，仅存《相思谱》一种。

冶城老人 姓名、字、号不详，生平事迹无考，唯知为江苏江宁（今江苏南京市江宁区）人，与戏曲家汪廷讷、屠隆，甚相友善，所作杂剧有《衍庄》一种，未见传流。但在日本内阁文库中所藏有明天启年间刊行之"衍庄新调"卷首题云来居士王应遴撰，由此可推知"冶城老人"或即王应遴之另一别号也。

收春醉客 江苏金陵人，姓名、字、号及生平事迹，皆无可考。

杂剧作品，仅知有《曲中曲》一种，尚存于世。

金文质　字、号不详，浙江湖州人。生平事迹无考。贾仲名《录鬼簿续编》称其为人"性纯雅，于乡恂恂如也，乡人皆重之。平生未尝轻诺，惜乎生不遇时"。所作杂剧有《誓死生锦片娇红记》《松阴记》《三官斋》三种，均已失传。

金粟子　姓名、字、号、籍里及生平事迹今不可考。杂剧作品，唯知有《雪浪探奇》一种，亦未见传。

林　章　始名春元，字初文，福建福清人，明嘉靖末年，倭寇犯闽，章年十三，上书督府，求自试行间。万历元年（1573）以春秋举于乡，累上不第。尝走塞上，从戚继光游，絜家侨寓金陵。性好公正，发愤南曹曲法，断梗阳之狱，攘臂直之，坐系金陵狱。三年出狱，旅燕京。万历二十六七年间（1598—1599），复抗疏请止矿税，兼陈立兵行盐之策，神宗感动，下内阁票拟举行，沈一贯承中人指阁其事，密揭请逮治，即日下狱，暴病而死，天下惜之。工于诗文，有《林孝廉集》。《静志居诗话》引施愚山语云："初文才情跌宕，于唐人格律，时欲跳而去之，要能不为闽派所羁绁，可谓杰出者也。"戏曲作品，杂剧有《青虹记》及传奇各一种，惜均未传于世。章生于嘉靖三十年（1551），卒于万历二十七年（1599），年四十九岁。

孟称舜　字子若，又作子适，或作子塞，浙江山阴（在今浙江绍兴市）人，明崇祯间诸生，所居曰"花屿别业"。曾校辑元明人杂剧作品五十六种，为《古今名剧合选》（《柳枝集》《酹江集》）一书，复校刻元人钟嗣成《录鬼簿》，并为后世研究杂剧之要籍。所作杂剧有《桃花人面》《死里逃生》《花前一笑》《郑节度残唐再创》《陈教授泣赋眼儿媚》《红颜年少》六种，前五种尚存，后一种已佚。另有传奇五种，存者三种，存疑待考者二种。

卓人月 字珂月，浙江仁和（在今浙江杭州市）人，乃卓左车之子，崇祯八年（1635）贡生，诗文词曲，莫不精工，《静志居诗话》称其："才情横溢，诗亦不为格律所拘。"著有《蟾台集》《蕊渊集》《寤歌词》《古今词统》等。杂剧作品，仅见有《唐伯虎千金花舫缘》一种行世。《杭州府志》卷九十五及一四四，皆有记载。

祁麟佳 字元孺，别署太室山人，浙江山阴人，明代藏书家澹生堂祁承㸁子，祁彪佳兄。工诗歌，善词曲，诗集有《问天遗草》，所制杂剧有《错转轮》《救精忠》《庆长生》《红粉禅》，合称"太室山房四剧"，今唯《错转轮》一种，幸存于世。祁彪佳《远山堂文稚》，载有太室山房四剧及诗稿序。

祁骏佳 字季超，浙江山阴人，明代藏书家澹生堂祁承㸁之子，祁彪佳之兄，祁麟佳之弟。工于词曲，所制杂剧，仅知有《鸳鸯锦》一种，惜未流传于世，著述尚有《禅悦合集》。

恒居士 姓名、字、号、籍里及生平事迹今皆无考,所制杂剧有《喝彩获名姬》一种,亦未流传于世。

郏 经 或作朱经,字仲谊,一作仲义,号观梦道士,又号西清居士,海陵(今江苏泰州市)人。明洪武四年(1371)时,以儒业起为浙江省考试官,权衡允当,士林称之。后侨居吴山之下,因而家焉。工于词曲,为文章未尝停思,八分书极高,善操琴,能隐语,与杂剧家贾仲明交甚深,日相游览于苏堤林墓间,吟咏不辍,著有《玩斋稿》《观梦》等集,名重一时,所作杂剧有《死葬鸳鸯冢》《玉娇春》《胭脂女子鬼推门》及《西湖三塔记》四种,均未见流传。

胡汝嘉 字懋礼,一字沁南,号秋宇,江苏金陵人,明嘉靖三十二年(1553)进士,官翰林编修,文雅风流,不操常律,以言事忤政府,外调河南参议。长于书法,隶书师钟元常,草书师张伯英、崔子玉,亦工于画;无论书画,均收藏甚富,所写诗词,格律犹上。著有《茜园集》《沁南稿》《金陵人物志》等。所制杂剧有《红线》一种,惜未见传。明顾起元客座赘语种:"所著小说数种,多奇艳,其《红线》杂剧,大胜梁辰鱼"云。

胡文焕 字德甫,一作德父,号全庵,别署抱琴居士,浙江钱塘人,博学多识,著述甚富,有胡氏诗识《皇图要览》《素问心得》《文会堂琴谱》《文会堂词韵》等,及辑刻《格致》丛书,亦工词曲,制有杂剧《桂花风》一种及传奇四种,并有戏曲选集《群音类选》等。

胡士奇 名、号、籍里、生平事迹皆不详,待考。杂剧作品有《小青传》一种,今已不传。

唐　复 字以初,号冰壶道人,京口(今江苏镇江市)人,移家金陵,喜吟咏,晓音律,工于戏曲,所制杂剧,仅知有《陈子春四女争夫》一种,今亦失传。《太和正音谱》论"古今群英乐府格势",喻其杂剧风格,谓"如仙女散花"。

马惟厚 字、号不详,福建长汀人,生平事迹无考,仅知为明嘉靖以前时人,乃明代前期之杂剧作家,所制杂剧有《风月囊集》一种,亦未见传流于世。

徐　渭 字文清,更字文长,号天池、天池漱生、天池山人、天池生、鹏飞处人、青藤道士、青藤山人、漱老人、山阴布衣、白鹇山人、田水月、海笠、佛寿等,均其别署,浙江山阴人。诸生。天才卓绝,诗文书画皆工,尝客总督胡宗宪幕,以草献白鹿表负盛名,知兵好奇计,宗宪擒徐海,诱王直,皆预其谋。宗宪下狱,渭惧祸发狂,自戕不死,又以嫉妒,杀其继室,系狱七年,张元忭力救得免。归乡里后,以诗文书画糊口,放浪曲蘖,恣情山水,走齐鲁燕赵之地,穷览朔漠,所见山奔海立,沙起云行,风鸣树偃,幽谷大都,人物鱼鸟,一切可惊可愕之状,一一皆达之于诗。其所作书,笔意奔放,颇似米颠，而梭梭散散过之，更长与画，花草竹石，皆古质淡雅，别有风致，所画人物，亦极生动，片楮尺缣，人以为宝。杂剧作品有《渔阳三弄》《翠乡梦》《雌木兰》《女状元》《歌代啸》五种，盛传至今，其门人王骥德《曲律》有云："吾师徐天池先生所为'四声猿'（指前四种），而高华爽俊，秾丽奇伟，无所不是，称词人极则，追躅元人。"著述有《徐文长三集》《徐文长逸稿》《一枝堂逸稿》《文长自著畸谱》《青藤山人路史》《分释古注参同契》《四书解》等。正德十六年（1521）生，万历二十一年（1593）卒，年七十三。

徐复祚 原名笃儒，字阳初，改字讷川，号谟竹，别署破悭道人、阳初子、洛诵生、休休生、三家村老、忍辱头陀、悭吝道人。江苏常熟人，徐栻之孙，博学能文，著《花当阁丛谈》《家儿私语》。尤工词曲，钱谦益题其小令，以高则诚为比。戏曲作曲，有杂剧《一文钱》《梧桐雨》两种，前一种尚存，后一种已佚。又有传奇四种，另见传奇作家中，复祚生于嘉靖三十九年（1560）年，卒于崇祯三年（1630）以后，约七十余岁。

徐阳辉 字玄辉，一作元辉，浙江鄞县（今浙江宁波市鄞州区）人，诸生，工诗词，尤善制曲，著有《青雀舫乐府》，为时所赏，所谱杂剧有《情痴》《脱囊颖》两种，至今尚存。

徐羽化 名、号、籍里、生平事迹今皆不详，待考。杂剧作品有《罗浮梦》一种，未见传流。

徐士俊 原名翙,或误作许翙,字三有,号野君,又号紫珍道人,浙江仁和(在今浙江杭州市)人,工词曲,擅制杂剧,《杭郡诗辑》谓其"所撰多至六十余种,佳者欲与王(德信)、关(汉卿)、马(致远)、郑(德辉)抗手"。杂剧作品,仅见有《小青娘情死春波影》《奇女子风里络冰丝》两种传世。所为诗文有《雁楼集》。《杭州府志》卷九一及九五,皆有其记载。

桑绍良 字季子,山东濮县(在今河南濮阳市)人,生平事迹尚待稽考,杂剧作品,仅知有《独乐园司马入相》一种,幸存于世,然传本有题作苏澹者,盖误。

凌濛初 字玄房,号初成,一号稚成,亦名凌波,又字波厈,别署即空观主人,浙江乌程(在今浙江湖州市)人,明万历八年(1580)生。十二岁游泮宫,十八岁补廪膳生。天启三年(1623)入都就选,崇祯七年(1634)授上海县函,署令事,又置海防,崇祯十五年(1642)擢徐州判。崇祯十七年(1644)卒,年六十五岁,工于诗文,天资高朗,下笔便俊,与吴载伯善,时称"吴凌",著述宏富,有《国门集》《鸿沟斋诗文》《燕筑讴》《圣门传诗嫡冢》《言诗异》《诗逆》《诗经人物考》《左传合鲭》《史汉异同补评》《战国策概》《乙编蠹诞》《嬴滕三札》《荡栉后录》《合评诗选》《陶韦合集》《东坡禅喜集》《惑溺供》,尤精于曲学,著有《曲律》《谈曲杂札》《南音三籁》。所制杂剧,现存于世者有《识英雄红拂奔择记》《虬髯翁正本扶余国》《宋公明闹元宵》《颠倒姻缘》四种，未见流传者有《蓦忽姻缘》《穴地报仇》《祢正平》《刘伯伦》《桃花庄》五种，明末汪桓尝评其曲曰："初成诸剧，真堪伯仲周藩，非复近时词家可比。"又改明高濂《玉簪记》传奇为《乔合衫襟记》，一字不仍其旧。所编短篇小说《拍案惊奇》《二刻拍案惊奇》两集，并传于世。

凌星卿 名、号、籍里、生平事迹皆不详，待考。杂剧作品有《关岳交代》一种，未见流传。

高茂卿 名、号不详，河北涿州人，生平事迹略无可稽，杂剧作品，仅知有《翠红乡儿女两团圆》一种，亦未传世。

高□□ 字、号、籍里及生平事迹今不可考。杂剧作品仅知有《五老庆庚日生》一种，亦未流传。

陈伯将 名、号不详。江苏无锡人，元进士，累官至河南参政，迁中书参知政事，至正辛卯（十一年，即1351）授行军司马参将，贾仲名《录鬼簿续编》谓其"文章政事，一代典型，和曲填词，乃其余事，打球蹴鞠，举世服之"。后卒于军前营中，将士无不恸哭，杂剧作品，唯知有《晋刘阮误入桃源》一种，惜亦不传于世。

陈　沂 字宗鲁，更字鲁南，号石亭，又号小坡，浙江鄞县人，以医籍居原都,明正德十二年(1517)第进士,改庶吉士,授编修,进侍讲,忤大学士张璁,出为江西参议,山东参政,转山西行太仆卿,抗疏致仕,杜门著书,绝意世务,书学东坡,篆隶绘事,皆称能品,所至好游名山水,俱有诗记,著有《遂初斋集》《拘墟馆集》及文集诗集等。大江南北文士,称失应登、顾璘、王韦及沂为四大家,所制杂剧有《善知识苦海回头》一种,今尚流传。成化五年(1469)生,嘉靖十七年(1538)卒,年七十岁。

陈 铎 字大声,号秋碧,江苏邳县(今江苏邳州市)人,睢宁伯陈文之曾孙,世袭济州卫指挥,家南京,于经传子史,百家九流,莫不贯穿,工诗画,山水仿沈启南,自为诗题其上,尤精声律,时称"乐王",以戏曲名于世,所为散套,稳协流丽,被之丝竹,审宫节羽,不差毫末。著有《秋碧乐府》《梨云寄傲》《公余漫兴》《月香亭稿》《滑稽余韵》《秋碧轩稿》等集。所制杂剧有《花月妓双偷纳锦郎》及《郑耆老义配好姻缘》两种,均未传世,另有传奇一种,亦仅见残刻。

陈自得 字、号、籍里及生平事迹皆不可考,仅知为明嘉靖时人,所存杂剧有《证无为太平仙记》一种,亦系改窜他人之作。

陈继儒 字仲醇,号眉公,又号糜公,江苏华亭(在今上海市)人,诸生,隐居昆山之阳,后筑室东佘山,杜门著述,工诗善文,短翰小词,皆极风致。书法苏米,兼能绘事,名重一时。《列朝诗集》

云:"玄宰(董其昌)久居词馆,书画妙天下,推仲醇不去口;海内以为董公所推也,咸归仲醇。而仲醇又能延招吴越间穷儒老宿,隐约饥寒者,使之寻章摘句,族分部居,刺取其琐言僻事,荟蕞成书,流传远迩,欸启寡闻者,争购为枕中之秘。于是眉公之名,倾动寰宇,远而夷酋土司,咸丐其词章;近而酒楼菜馆,悉悬其画像,甚至穷乡小邑,鬻粰粓、市盐豉者,胥被以眉公之名,无得免焉。"然《静志居诗话》则谓其"遗集具在,未免名不副其实焉"。屡奉诏征用,皆以疾辞。年八十二,卒于佘山之精舍。著有《眉公全集》六十卷,校辑《宝颜堂秘笈》,又注释《西厢记》《琵琶记》《红拂记》等名剧。所制戏曲,唯知杂剧《杜祁公藏身真傀儡》一种行于世。

陈与郊 原姓高,字广野,号禺阳,又作虞阳,别署玉阳仙吏,浙江海宁人,举万历元年(1573)乡试,万历二年(1574)进士,历官河间推官,吏科给事中,都给事中,提督四夷馆,太常寺少卿。张居正当国,以法绳郡县,与郊独济以宽和,人称陈佛子。万历十九年(1591)以事去职。闭门著述,凡数万言。性嗜学,自六籍外,留心太空潜虚,好屈、宋、扬、马、张、左诸家赋,考订梓之。诗咏间作,其藻思播之歌欤,被管弦以自娱。尝寄寓安徽歙县,约卒于万历四十年(1612)左右。自以缙绅大夫,不屑以词曲鸣于时,乃托名高漫卿,著《诊痴符》四种传奇,又别署曰任诞轩,世人往往以其斋名,误为著者姓名。所制杂剧五种,唯有《昭君出塞》《文姬入塞》及《袁氏义犬》三种流传于世,其他《淮阴侯》《中山狼》两种,皆不传。万历十六年(1588)书林新安徐氏所刻《元明杂剧总集古名家杂剧》一书，实出于与郊选辑。与郊著述，尚有《蓣川集》《隅园集》《黄门集》《考工记辑注》《檀弓辑注》等。

陈汝元 字太乙，号太乙山人，又号燃藜仙客。书斋署曰"函三馆"，浙江会稽（在今浙江绍兴市）人。尝官知州，贫而嗜古，工于词曲，所制杂剧有《红莲债》一种，今尚传世，又传奇三种，仅存一种。

陈情表 名、号、籍里、生平事迹皆不详。所制杂剧有《钝秀才》一种，及传奇一种，均未流传。

陈六如 名、号、籍里、生平事迹皆不详，待考。杂剧作品有《九曲明珠》一种，亦不传于世。

陈清长 字、号、籍里、生平事迹今皆不详。所制杂剧有《一麟三凤》一种，亦未流传。

陈□□ 字、号、籍里、生平事迹皆不可考，所作杂剧有《朱翁子》一种，亦未流传于世。

陆进之 名、号不详，浙江嘉禾（今浙江嘉兴市）人。尝官福建省都事，善文章，喜作诗，词曲隐语，盛传于时，杂剧作品，共两种：《韩湘子引度升仙会》《血骷髅大闹百花亭》。皆散失不传，与杂剧家贾仲明甚相友善，会与武林。

陶国英 字、号不详，晋陵（今江苏常州市武进区）人，生平事迹，略无可考。杂剧作品，仅知有《四鬼魂大闹森罗殿》一种，亦未传流。

康　海 字德涵，号对山，别署浒东渔父，陕西武功人，弘治十五年（1502）第一人及第（俗称状元），授翰林院修撰，正德时刘瑾专政，欲招致之，海不肯往，会李梦阳与韩贯道草疏，刘瑾切齿，必欲置之死，乃下梦阳于狱，梦阳书片纸告海曰："对山救我！"海乃谒瑾说之，明日得释。后刘瑾败，海坐刘党，梦阳议论稍过严，遂落职为民。嗣后，放浪自恣，于文章不复稍思，诗尤颓纵，海与王九思相聚浒东鄠杜间，挟声伎酣饮，制乐造歌曲，自比俳优，以寄其怫郁，尤善搊弹琵琶，后人转相仿效，王九思每曲成，海为奏之，虽老曲师，亦无不击节称赏，杂剧作品有《东郭先生误救中山狼》及《王兰卿服信明贞烈》两种，并传于世。论者谓其《中山狼》一剧，即诋李梦阳之作，著有《对山集》《浒东乐府》《武功县志》。生于成化十一年（1475），卒于嘉靖十九年（1540），年六十六岁。

梁辰鱼 字伯龙，号少伯，一号仇池外史，江苏昆山人。不屑就诸生试，改擅词曲，精于音律，时邑人魏良辅工于乐歌，始变"弋阳""海盐"故调为"昆腔"，而辰鱼独得其传，填制《浣纱记传奇》，梨园子弟多歌之，王世贞诗所云"吴闾白面冶游儿，争唱梁郎雪艳词"是已。同时复有戏曲音乐家陆九畴、郑思笠、包郎郎、戴梅川辈，更唱迭和，清辞丽曲，传播人间，好游嗜酒，足迹遍吴楚间，兼工于诗，著《远游稿》。陈田明《诗纪事》尝谓："伯龙词曲称名家，诗亦藻丽。"嘉靖间，李攀龙、王世贞等七子，皆折节与交，戏曲作品有杂剧三种，《红线女夜盗黄金盒》《红绡妓手语情传》及《无双补传》三种，前一种尚存，后两种则已佚。另有传奇一种及散曲《江东白苎》，泰半流传世间，辰鱼约生于正德末年，卒于万历中叶，年七十四岁。

屠本畯 字田叔，浙江鄞县人，屠大山子，以荫授刑部检校，迁太守典簿，历南礼部郎中，出为两淮运司同知，移福建运使，迁辰州知府，诗多不拘格律，有屠田叔诗草及太常典录，生平喜读书，至老尚手一卷，人曰："老矣，奚自苦？"本畯曰："吾于书饥以当食，渴以当饮，欠伸以当枕席，愁寂以当鼓吹，未尝故也。"自起生圹于甬上，撰状及表，自称曰憨先生，一时词家，俱奉为祭酒，所制杂剧仅知有《崔氏春秋补传》一种，亦未流传。

张国筹 或误作张国寿，字、号不详，山东章丘人，明隆庆时，以拔贡官行唐知县，工于词曲，所制杂剧有《脱颖》《茅庐》《章台柳》《韦苏州》《申包胥》五种，俱不传。

张大谌 字、号、籍里、生平事迹皆不详。杂剧作品有《诛雄虎》《报恩虎》《三难苏学士》三种，皆不传于世。

汤　式 字舜民，号菊庄，浙江宁波人，或云象山人，补本县吏，然非其志，后落魄江湖间，明成祖在燕邸时，宠遇甚厚，永乐间赏赉常及，所制戏曲、套数、小令极多，语皆工巧。散曲有《笔花集》，至今传世；杂剧作品有《风月瑞仙亭》及《娇红记》两种，惜未传流。杂剧家贾仲名，尝称其人："好滑稽，与余交久而不衰。"《太和正音谱》"古今群乐府格势"，喻其作品风格"如锦屏春风"。

须子寿 名、号不详，浙江杭州人，钱塘县吏，隐语精通，擅制杂剧，杂剧家贾仲明，称其"襟怀洒落"。后以事卒于金陵。杂剧作品有《双鸾栖凤碧梧堂》《泗州大圣渰水母》两种，惜均不传。

许　潮 字时泉，湖南靖州人，生平事迹惜无可考，所作短剧《泰和记》，仅知有《公孙丑东郭息忿争》《王羲之兰亭显才艺》《刘苏州席上写风情》《东方朔割肉遗细君》《张季鹰因风忆故乡》《苏子瞻泛月游赤壁》《晋庾亮月夜登南楼》《陶处士栗里致交游》《桓元帅龙山会僚友》《谢东山雪朝试儿女》《武陵春》《午日吟》《同甲会》等十三种尚流传世间，另著有《山石集》。

黄元吉 字、号、籍里、生平事迹今无可考。《也是园书目》标其为"元明黄元吉"，与贾仲名同，殆亦由元入明者，盖为明代前朝之杂剧作家也。杂剧作品，仅存《黄廷道夜走流星马》一种。

黄中正 字、号、籍里、生平事迹皆已不详，待考。杂剧作品有

《五老庆贺》一种，传奇一种，今皆不传。

冯惟敏 字汝行，号海符，山东临朐人，冯惟健之弟，冯惟讷之兄，嘉靖十六年（1537）举人，谒选涞水知县，改镇江学教授，迁保定通判。诗文雅丽，尤善词曲，王世贞《艺苑卮言》尝称其曲曰："北调，近时冯通判惟敏，独为杰出，其板眼务头，撺抢紧缓，无不曲尽，而才气亦足发之。止用本色过多，北音太繁。"所制杂剧有《梁状元不伏老》及《僧尼共犯》两种，并传于世。著有《海浮山堂辑稿》《海浮山堂词稿》《系节录音》《石门集》等。

梅鼎祚 字禹金，别署胜乐道人。安徽宣城人，宛溪先生梅守德之子，癯甚，怜之，欲其弃笔砚。乃匿书帐中默诵。年十六，补诸生，郡守罗汝芳召至门下，龙溪王畿，呼为小友。然性不喜经生，弃举子业，以古学自任，诗文沉博雅赡，海内皆知其名，王世贞尝称之。阁臣申时行等曾荐于朝，辞不赴。归隐书带园，构天逸阁，藏书，坐卧其中。著述甚富，有《鹿裘石室集》《历代文纪》《汉魏八代诗乘》《古乐苑》《书记洞铨》《宛雅》《青泥莲花记》《才鬼记》《才妖记》等。戏曲作品有杂剧《昆仑奴剑侠成仙》一种，另有传奇两种，皆传于世。鼎祚生于嘉靖二十八年（1549），卒于万历四十三年（1615），年六十七岁。

程士廉 字小泉，安徽休宁人，杂剧作品四种，总题为《小雅堂府乐》，计有《幸上苑帝妃春游》《泛西湖秦苏夏赏》《醉学士韩陶月宴》《忆故人戴王访雪》。至所谓《小雅堂》者,盖对其乡先辈汪道昆《大雅堂》言之,道昆有《高唐京兆》等四种杂剧,总名《大雅堂乐府》。

湛　然　僧人,姓名不详,号散木,浙江会稽人,生平事迹待考,杂剧作品二种,仅存《金渔翁证果鱼儿佛》一种,另有《地狱生天》一种,已佚。此外尚有传奇一种,亦未见传世。

傅一臣　字青眉,号无枝,别署西泠野史,浙江杭县(今浙江杭州市)人。生平事迹待考,杂剧作品,凡十二种,总题曰"苏门啸",以其作成于姑苏也。今皆流传于世,计为《买笑局金》《卖情扎囤》《没头疑案》《截舌公招》《智赚还珠》《错调合璧》《贤翁激婿》《死生冤报》《义妾存孤》《人鬼夫妻》《蟾蜍佳偶》《钿盒奇缘》。

杨文奎　字、号不详,籍里、事迹亦不可考。杂剧作品,现可考者凡四种,然仅有《翠红乡儿女两团圆》一种传于世,其他《王魁不负心》《封陟遇上元》《玉盒记》三种,则已散佚。《太和正音谱》论"古今群英乐府格势",尝喻其作品风格"如匡庐叠翠"。

杨　讷　原名暹,字景言,一字景贤,号汝斋,元蒙古人,家于钱塘,因从姐夫杨镇抚,人以杨姓称之。善琵琶,所制戏曲,出人头地,好戏谑,尤工于隐语。明永乐初,特重语禁,召讷入值宫中,以备顾问，与杂剧家贾仲名相友善，交五十年，后卒于金陵。其所作杂剧有《西游记》《马丹阳度脱刘行首》《柳耆卿诗酒玩江楼》《佛印烧猪待子瞻》《感天地田真泣树》《史教坊断生死夫妻》《卢时长老天台梦》《贪财汉为富不仁》《楚襄王梦会巫娥女》《陶秀英鸳鸯宴》《月夜西湖怨》《一箭保韩庄》《磨勒盗红绡》《大闹东狱殿》《风月海棠亭》《偃时救驾》《红白蜘蛛》《两团圆》等十八种，仅有前两种现存于世，其他皆已佚。《太和正音谱》"古今群英乐府格势"，喻其词曲风格，"如雨中之花"云。

杨　慎　字用修，号升庵，四川新都（今四川成都市新都区）人，大学士杨廷和之子，正德六年（1511）进士第一人及第，授翰林院修撰。明武宗微行出居庸关，慎抗疏谏，明世宗立，充经筵讲官、大礼议起，慎与同列伏左顺门力谏，世宗命执首事下狱，慎及王元正等，撼门大哭，世宗益怒，悉下诏狱廷杖之，削籍，遣戍云南永昌卫。弘治元年（1488）生，嘉靖三十八年（1559）卒，年七十二岁。慎投荒多暇，书无所不览，明世纪诵之博，著述之富，推为第一，陈田明诗纪事，尝评其诗曰："早岁醉心六朝，艳情丽曲，可谓绝世才华；晚乃渐入老苍，有少陵谪仙格调，亦间入东坡涪翁一派。前后七子，执盟骚坛，海内附和，翕翕成风。"著述有《升庵文集》《升庵遗集》《升庵合集》《陶情乐府》《玲珑倡和集》《丹铅总录》《丹铅续录》《丹铅新录》《谭苑醍醐》《艺林伐山》《升庵诗话》《词品》《古今风谣》等。杂剧仅有《宴清都洞天玄记》一种，尚存于传。又《泰和记》，或传为杨作，然无确证，详见下文许潮名下。妻黄氏，亦有才情，工于词曲，慎久戍滇中，黄氏尝寄诗词，读者伤之。

杨之炯 字星水，别置云水道人，浙江余姚人，生平事迹今不可考，唯知戏曲作品，有杂剧《天台奇遇》一种，传奇一种，散曲一套，并传于世。

杨维中 字、号、籍里、生平事迹今皆不详，待考。所作杂剧有《偷桃献寿》一种，未见传流。

杨伯子 名、号、籍里、生平事迹皆不详。杂剧有《都中一笑》一种，今亦未传。

贾仲名 一作仲明，号云水散人，山东淄川（今山东淄博市淄川区）人，后徙居兰陵，因而家焉。天性明敏，博览群书，善吟诗，尤精于乐章、隐语。所作乐府及传奇极多，骈丽工巧，有非他人之所及者，一时侪辈，率多拱手敬服以事之。《录鬼簿续编》载："尝侍文皇帝（明成祖）于燕邸，甚宠爱之。每有宴会，应制之作，无不称赏。丰神秀拔，衣冠济楚，量度汪洋，天下名士大夫咸与之相交。"仲名生于元至正三年（1343），卒于明永乐二十年（1422）八十岁以后。著有《云水遗音》等集及增补《录鬼簿》。杂剧有《荆楚臣重对玉梳记》《萧淑兰情寄菩萨蛮》《铁拐李度金童玉女》《吕洞宾桃柳升仙梦》《紫竹琼梅双坐化》《上林苑梅杏争春》《癞曹司七世冤家》《丘长三度碧桃花》《李素兰风月玉壶春》《正性佳人双献头》

《杨汝梅秋夜燕山怨》《顺时秀月夜英山梦》《志烈夫人节妇牌》《屈死鬼双告状》《花柳仙姑调风月》《意马心猿》等十七种，然流传于世者，仅前四种，其他皆不传。《太和正音谱》论"古今群英乐府格势"，尝喻其作品风格，谓"如锦帷琼筵"。

叶宪祖 字美度，一字相攸，号桐柏，又号六桐，别置槲园居士、槲园外史、紫金道人。浙江余姚人。明嘉靖四十五年（1566）生，万历四十七年（1619）进士，授新会令，考选入京时，黄尊素劾逆珰，宪祖以尊素姻家，左迁大理评事，转工部主事。逆珰建祠，适在同巷，宪祖徙寓而去。逆珰闻之，大怒，削宪祖籍，遂归。崇祯元年（1628）起为南刑部郎，出守顺庆，乱离道梗，入觐者失期，冢宰诃问，宪祖从容为小吏申理，冢宰默然。升湖广副使，备兵辰沅。后转四川参政，广西按察使，皆未之任。宪祖与同邑孙矿，以古文词相期许，尤工词曲，清黄宗羲有叶公改葬墓志铭云："生平至处在填词，一时玉茗太一，人所脍炙，而粉筐黛器，高张绝弦，其佳者亦是搜牢元人成句。公古澹本色，街谈巷语，亦化神奇，得元人之髓。吴石渠、袁令昭皆词家巨手，令昭则槲园弟子也。花晨月夕，征歌按拍，即令伶人习之，刻日呈技。"崇祯十四年（1641）八月六日，宪祖卒于乡，年七十六岁。所作杂剧有《灌将军使酒骂座记》《杜荆卿易水离情》《金翠寒衣记》《琴心雅调》《北邙说法》《俏佳人巧合团花凤》《夭桃纨扇》《碧莲绣符》《丹桂钿合》《素梅玉蟾》《三义成姻》《渭塘梦》《芙蓉屏》《贺季真》《死生缘》《龙华梦》《会香衫》《巧配阎越娘》《碧玉钗》《玳瑁梳》《鸳鸯寺冥勘陈玄礼》《西楼夜话》《桃花源》《耍梅香》等二十四种,前十二种至今尚存,自《芙蓉屏》以下十二种,则已失传。

叶汝荟 字不详,号乖庵,籍里及生平事迹今不可考。杂剧作品有《夫子禅》一种,不见传世。

董　玄 字、号、籍里及生平事迹皆不详,待考。杂剧作品有《文长问天》一种,未见传世。

刘　兑 字东生,浙江人,生平事迹今不可稽。杂剧作品,可考者二种,一为《金童玉女娇红记》,尚传于世;一为《月下老定世间配偶》,仅存曲文。《录鬼簿续编》谓后者"极为骈丽,传诵人口"。《太和正音谱》"古今群英乐府格势"评论明初作家,而置东生于第二,称其作品风格"如海峤云霞",并曰:"镕意铸词,无纤翳尘俗之气,迥出人一头地,可与王实甫辈并驱,蔼然见于言意之表,非苟作者,宜列高选。"

刘君锡 字、号不详,燕山(在今天津市蓟州区)人。元时官省奏。工隐语,为燕南独步,人称为"白眉翁"。所制戏曲甚多,盛行于时。贾仲名《录鬼簿续编》,谓其人"性方介,人或有短,正色责之。家虽甚贫,不屈节,时与邢允恭友让,暨余辈交"。所作杂剧有《庞居士误放来生债》《石梦卿三丧不举》《贤大夫疏广东门宴》三种,仅前一种传世,其他两种已佚。

诸葛味水　名、号、籍里、生平事迹皆不详。所作杂传仅有《女豪杰》一种，未见传流。

樵　风　姓名不详，籍里、事迹俱不可考，所作杂剧有《剑侠完贞》《孝感幽明》《宦游济美》《参禅成佛》等四种，另有传奇二种，皆不传于世。

钱　珠　字、号、籍里、生平事迹今皆不详，待考。所制杂剧有《问狸倩谐》一种，亦未传世。

谢天惠　字、号、籍里、生平事迹皆已不详，待考。杂剧作品有《孝义记》《善恶分明》两种，亦不见流传。

顾思义　名、号、籍里、生平事迹皆不详。所制杂剧有《余慈相会》一种，今亦不传。

罗　本　字贯中，或云名贯，号湖南散人，浙江钱塘人，一云山西太原人，或云越人。生元末，盖元明间人。所著小说最富，有《三国演义》《隋唐两朝志传》《残唐五代史演义》《三遂平妖传》等，至今盛传于世。或谓《水浒传》，亦出其手。戏曲、隐语，极为清新，贾仲明《录鬼簿续编》称其"与人寡合，与余为忘年交。遭时多故，天各一方。至正甲辰（二十四年，1364），复会。别来又六十余年,竟不知其所终"。所作杂剧有《宋太祖龙虎风云会》《三平章死哭蜚虎子》《忠正孝子连环谏》三种,仅存前一种,其他则散佚。

铎梦野人 姓名、字、号、籍里及生平事迹今皆无考。所制杂剧有《可破梦》一种,亦不传于世。

第三章　明代的传奇作家

丁鸣春　字、号不详，籍里及生平事迹已不可考，仅知其为明嘉靖以前时人。所作传奇，有《湘湖记》一种，明代徐文昭所编《全家锦囊续编》（嘉靖癸丑刻本）中曾选录。

卜世臣　字大匡，一字大荒，号蓝水，别署大荒逋客。浙江秀水（在今浙江嘉兴市）人，磊落不谐于俗，日扃户著书。有《挂颊言》《玉树清商》《多识编》《乐府指南》《卮言》《山水合谱》等，以上俱本《嘉兴府志》卷五十三。吕天成《曲品》尝称其人："博雅名儒，端醇吉士。张衡之精巧绝世，荀爽之俊美无双，耽奇蕴为国珍，按律蔚为词匠。"传奇有《冬青记》一种，尚传世，其他《乞麾记》《双串记》两种，已佚。另有《四劫记》一种，存疑。

三吴居士　姓名、字、号不详，生平事迹亦不可考，唯知其为江浙人，传奇作品仅有《广爱书》一种，遭清代乾隆时禁毁，未见流传。

山阳道人　姓名、字、号、籍里不详。生平事迹已不可考，传奇作品有《平逆记》一种，未见传世。

王　济　字伯雨，号雨舟，自称紫髯仙客，晚更号白铁道人，浙江乌镇（在今浙江嘉兴市湖州）人。其先泗水人，元末，六世祖道辅避兵乌镇，因家焉。父英，号且闲，弘治中，为苏州卫指挥。济弱为诸生，以高资例入太学，授广州（广西、横县）判官。会缺州守，为摄州事。悉其习俗利病，设施皆当于理。地故多盗，自济受事，夜不闭户。以母老，乞终归，布衣补被如寒士，人不知其豪富云。凤能诗，为文章，放衙吟诵不辍，富而好客，与刘南垣、孙太初、张允清结岘山社。著有《白铁山人诗集》《谷应集》《水南词》《和花蕊夫人宫词》《君子堂日询手镜》，以上俱见于《嘉禾征献录》。《顾元庆诗话》称其："人物高远，奉养雅洁。"传奇作品，仅知有《连环记》一种，尚传于世。

王炉峰　名、字待考，浙江会稽人，为《曲律》作者王骥德祖父。博学高才，著述甚富，有集数十卷，与会稽王方湖、王真翁齐名，乡人士时称为于越"三王"。所制传奇有《红叶记》一种，惜未流传。

王世贞 字元美，号凤洲，别署弇州山人，江苏太仓人，明嘉靖二十六年（1547）进士，授刑部主事，迁青州兵备副使。父忬以滦河失事，为严嵩所杀，弃官归。隆庆元年（1567）与弟世懋伏阙讼父冤得雪。后累官至刑部尚书，三疏移疾归。世贞初与李攀龙狎主文坛，并称"嘉靖七子"；攀龙殁，独操柄二十年，其才甚高，地望最显，声华义气，笼盖海内，一时士大夫及山人词客，衲子羽流，莫不奔走门下，片言褒赏，声价骤起。其持论"文必西汉，诗必盛唐"。著述极富，有《弇州山人四部稿》《续稿》《凤州笔记》《弇州别集》《弇州山人题跋》《弇州尺牍》《嘉靖以来着辅传》《国朝纪要》《艺苑卮言》等。今世所传《鸣凤记传奇》，多题为王氏所作，然明人王骥德《曲律》谓："弇州曲多不见，特四部稿中有《一塞鸿秋》《两画眉序》，用韵既杂，亦词家语，非当行曲。"并未言及《鸣凤记》。清人焦循《剧说》称："弇州史料中，杨忠愍公傅略与传奇不合。相传《鸣凤传奇》，弇州门人作，惟法场一折，是弇州自填词。"王氏有《曲藻》一卷，原载于《艺苑卮言》，论曲亦多有独到处，足资参证。王氏生于嘉靖八年（1529），卒于万历二十一年（1592），年六十四岁。传奇有《鸣凤记》。

王穉登 字伯榖，一字伯谷，江苏长洲（在今江苏苏州市）人，先世江阴人，移居吴门，或作武进人，十岁能诗，名满吴会，吴门自文徵明后，风雅无定属，穉登尝及文门，遥接其风，擅词翰之席者三十余年，同时山人布衣以诗鸣者十数，而以穉登为最。明嘉靖四十三年（1564），北游太学，客大学士袁炜家为记室，校书秘阁，将令以布衣领史事，不果而罢。著有《南有堂诗集》《明月篇》《客越志》《谋野集》《晋陵》《金昌》《燕市》《青雀诸集》《吴郡丹青志》《吴社编》等。诗文而外，亦擅词曲，所制传奇，传于世者有《全德记》一种，存目待考者有《彩袍记》一种；尝与张琦合选《吴骚集》，乃明代南曲选刻本之较早者，所为散曲，亦见于集内。王氏生于嘉靖十四年（1535）卒于万历四十年（1612），年七十八岁。

王　澹　字澹翁，别署澹居士，浙江会稽人。生平事迹不详，著有《墙东集》。所作传奇，有《双合记》《金桃记》《紫袍记》《兰佩记》《孝感记》等五种，均未见流传。王骥德尝称："澹与史槃，皆自能度品登场，体调流丽，优人便之，一出而搬演几遍国中。"杂剧有《樱桃园》一种，幸见流传；另有散曲集《欸乃编》，惜今已佚。

王骥德　字伯良，一字伯骥，号方诸生，别署秦楼外史，浙江会稽人，自幼性嗜歌乐，遂精研词曲，至壮不衰，以散曲负盛名于当时。始师同里徐文长，即以知音互赏，继与词曲家沈璟讨论音律，最为沈氏所推服。又与吕天成、孙镇、孙如法并为词友，而与吕氏相交最早，尤称莫逆。一时戏曲家相善者，尚有顾大典、史槃、王澹翁、叶宪祖等，并汤显祖亦在知好之列，尝设席山阴署中，与毛以燧研讨词曲，入都门时，同好集于米氏湛园，邀往讲习《西厢记》，赋诗以传，一时目为奇事。著有《方诸馆集》《方诸馆乐府》《曲律》《南词正韵》等。又校注《西厢记》《琵琶记》两种。生年不详，卒于天启三年（1623），年六十岁左右。明文授读，谓骥德为王阳明侄，不知何据。传奇作品，现存于世者有《题红记》一种，仅存散出者有《双环记》一种，存疑待考者有《天福记》《题曲记》《百合记》《裙钗婿》四种。至于所作杂剧，有《男王后》一种，尚有传本，其他如《金屋招魂》《弃官救友》《两旦双鬟》《倩女离魂》，皆未见流传。

王应山 字、号不详，籍里及生平事迹均无可考，唯知其为万历时人，所制传奇有《千斛记》一种，亦不见流传。

王玉峰 佚其名，江苏淞江（今上海市松江区）人，或谓别署月榭主人。生平事迹，今已无考，所制传奇，现传于世者有《焚香记》一种，存疑未见者，有《羊觚记》《钗钏记》二种。

王 錂 或误作汪錂，字剑池，浙江钱塘人，生平事迹今不可考，吕天成《曲品》谓其人："校曲巧多，久沉酣于音藏。"传奇作品，原著有《春芜记》一种；改编者，有《彩楼记》《寻亲记》二种，并传于世。又存疑待考者有《双缘记》一种。

王 恒 字伯贞，或误贞伯，号少谷，别署四明东方士，浙江奉化人，或误杭州人，事迹不详，传奇作品有《璧记》一种，今已散失，仅在《群音类选》《月露音》《乐府名词》三书中残存曲文而已。

王　异　一作王权，字无功，亦作旡功，或作元功，疑讹。陕西郃阳（今陕西渭南市合阳县）人。生平事迹不详，传奇作品，存者仅《弄珠楼》一种，佚者有《灵犀佩》《检书记》《看剑记》《保主记》《玛瑙簪》等五种，改订者有《花亭记》《水浒记》两种，存疑者有《种玉记》一种。所作散曲，仅见于《太霞新奏》。

王元寿　字伯彭，别署西湖居士、西湖主人、湖隐居士。生平事迹不详，仅知其为明季戏曲作家。疑系浙江杭州人，与《远山堂曲品》作者祁彪佳颇相友善，所制传奇甚富，现存于世者有《异梦记》《郁轮袍》《灵犀锦》《诗赋盟》《明月环》《金钿盒》六种。仅存散出者，只《鸳鸯被》一种。未见流传者有《石榴花》《北亭记》《玉马坠》《一轮画》《击筑记》《紫骝马》《将无同》《中流柱》《紫授记》《莫须有》《宝碗记》《领春风》《题燕记》《鸾书错》《梨花记》《灵实符》《玉扼臂》《空缄记》《紫绮裘》《紫台怨》等二十种。

王国柱　字不详，别署澹生老人，号其所居曰薇室。籍里不详，所制传奇有《鸳簪记》《海棠诗》《碧珠记》等三种，惜均不传。

王　杰　字、号皆不详，籍里及生平事迹亦无可考，传奇作品有《阴德记》一种，未见传世。

王万几 字、号皆不详,籍里及生平事迹亦无可考,所作传奇作品仅《椎秦记》一种,未见传世。

王玉门 名不详,籍里及生平事迹亦不可考,传奇作品仅《十全记》一种,未见传世。

王畿 字、号不详,籍里及生平事迹俱已无考,传奇作品仅《白鹤记》一种,未见传世。

王昆玉 名不详,籍里及生平事迹亦无可考,所作传奇仅《进瓜记》一种,未见传世。

王洙 字、号不详,籍里及生平事迹亦不可考,所作传奇仅《合襟记》一种,未见传世。

王伯原 字、号不详,籍里及生平事迹俱不可考,传奇作品仅《三槐记》一种,未见传世。

王韶 字、号不详,籍里及生平事迹亦不可考,所作传奇仅《金凫记》一种,未见传世。

王潾 字、号不详,籍里及生平事迹均无可考,传奇作品仅《轩辕记》一种,未见传世。

王玄旷 字、号不详,籍里及生平事迹,今无可考,所制传奇仅《鹹隼记》一种,未见传世。

王应遴 字堇父,号云来,别署云来居士。浙江山阴人,明崇祯时,官大理寺评事,诰敕房办事中书舍人;礼部员外郎。精通历象医术,曾参与天启时修历事,著有《王应遴杂集》《乾象图说》《备书》《慈无量集》等。明亡时,殉节死。所作传奇仅知有《清凉扇》一种,未见于世。

王五完 名不详,籍里及生平事迹,俱无可考,传奇作品仅《怀春记》一种,未传于世。

王光鲁 字汉恭,江苏广陵人,生平事迹待考,仅知其为周亮工之门人,所制传奇有《想当然》一种,托名卢楠,至今尚流传。

王紫涛 名不详,籍里及生平事迹今亦无考,传奇作品有《两蝶诗》《华山缘》两种,未见传世。

王鸣九 字鹤皋,江苏吴县人,生平事迹不详,所制传奇仅有《浮邱傲》一种,未见流传。

王翔千 字起凤,江苏太仓人,生平事迹不详,所作传奇仅《龙华会》一种，未见传世。

王　芸　字、号不详，籍里、生平事迹皆不可考，传奇作品仅《女昆仑》一种，未见传世。

方谕生　字、号不详，籍里及生平事迹今不可考，仅知其为明嘉靖以前时人，所制传奇只《忠孝节义》一种，亦未见传。

文九玄　一作文九元，号澹然，又署赤城山人，浙江天台人，世居吴中，与汪廷讷同时，甚相友善，所制传奇有《天函记》一种，未见传世。

月榭主人　姓名、字、号不详，籍里及生平事迹，俱无可考，但据焦木氏之《六十种曲撰人考（一）》云"王玉峰，字同谷，别号月榭主人"，故知月榭主人，或即王玉峰也。所作传奇有《钗钏记》一种，尚见流传。

心一子　姓名、字、号、籍里今皆不详，生平事迹，更无可稽。传奇作品有《遇仙记》《景云记》两种，未见流传。

心一山人　姓、名、字、号及籍里均不详，生平事迹亦无可考，近人松岛室主之《现存杂剧传奇版本记》中，以为乃陆江楼别号，恐不确，所作传奇有《玉钗记》一种，尚传于世。

木石山人 姓名、字、号不详,江苏吴县人,生平事迹,亦无可考。所制传奇仅有《金环记》一种,惜已散失。

水云逸史 姓名、字、号、籍里俱已不详,生平事迹,更无可考,传奇作品仅有《回天记》一种,未见传世。

五云村人 姓名、字、号、籍里不详,生平事迹亦无可考。所作传奇仅有《彩虹记》一种,未见流传。

史　槃 字叔考,浙江会稽人,工于词曲,与王骥德甚相友善,同师事徐文长,所为书画,酷似文长,即文长亦不能自辨。著有《童毅斋集》。其散曲集曰《齿雪余香》,今已散佚。所制杂剧有三种,已失佚。至于传奇作品,共十七种,其中流传于世者,有《樱桃记》《鹣钗记》《吐绒记》三种。仅存散出者,有《合纱记》《忠孝记》两种。有目未见者,有《梦磊记》《檀扇记》《青蝉记》《李瓯记》《琼花记》《双鸳记》《朱履记》《双梅记》《梵书记》九种,重订他人者,有《双串记》一种,存疑待考者,有《双丸记》,《冬青记》两种。

史　玄 字若翁,江苏吴江人,崇祯间隐居吴江北门外之北林。所著有《弱翁诗文集》《河行注》《瓯东倡和集》《盐法志》《吴江耆旧传》《梅西杂志》《旧京遗事》等。传奇仅有《玉花记》一种,未存于世。

古时月　字、号不详。籍里及生平事迹亦不可考，所作传奇，仅有《跨鹤记》一种，未见传世。

白凤词人　姓名、字、号、籍里今皆不详，生平事迹亦不可考，所制传奇仅有《秦宫镜》一种，未见传世。

包胤祺　字、号不详，籍里及生平事迹均无可考，所制传奇，仅有《采真记》一种，未传于世。

全无垢　或作金无垢，一作无垢，误作天垢，号逍遥，浙江鄞县人，生平事迹不详，传奇作品仅有《呼卢记》一种，今散失。

竹林逸士　姓名、字、号、籍里均已不详，生平事迹亦无可考，所作传奇，仅有《燕子楼》一种，不见传世。

西泠长　字泊庵，姓名不详，江苏吴县人，生平事迹无考，度其人尝为钱塘县令。所作传奇，仅存《芙蓉影》一种，尚传于世。

任皞臣　字、号不详，籍里及生平事迹皆不可考。所制传奇，仅有《题扇记》一种，未传于世。

仲　仁　姓名、别号、籍里今皆不详，生平事迹无从稽考。传奇作品，仅有《绿华轩》一种，亦未传世。

李景云 字、号、籍里不详,生平事迹,今无可考。仅知其为明中叶以前时人,传奇作品有《崔莺莺西厢记》《王十明荆钗记》两种,皆已失传。

李日华 名、号不详,江苏吴县人,生平事迹今不可考。最迟为明嘉靖人。所作传奇《南西厢记》,或误以为李君实所作,《紫桃轩杂缀》已详辨之。

李开先 字伯华,号中麓,山东章丘人,嘉靖八年(1529)进士,除户部主事,改吏部,历员外郎中,擢太常少卿,提督四夷馆。年四十,罢官归里。开先为文,一篇辄万言,诗一韵辄百首,不循格律,诙谐调笑,信手放笔。所著词多于文,文多于诗。初与王慎中、唐顺之、陈束、赵时春、熊过、任瀚、吕高等,号为"嘉靖八才子"。藏书之富,甲于齐东;词曲尤多,有"词山曲海"之称。归里后,蓄声伎,征歌度曲,为新声小令,搊弹放歌,自谓马东篱、张小山无以过也。尝访康海、王九思于武功、鄠杜间,赋诗度曲,二公恨相见之晚云。撰有传奇三种,又尝改订元人杂剧乐府数百卷,搜集市井艳词诗禅对类之属,多流俗琐碎,为"士大夫"所不道者。著述有《中麓闲居集》《中麓乐府》《中麓山人拙对》《中麓画品》《发明琴谱》《山东盐法志》等。开生于弘治十四年(1501),卒于隆庆二年(1568),年六十八岁。至于传奇作品,现存于世者,有《断发记》及《宝剑记》两种,未见流传者,有《登坛记》一种。

李玉田　或作朱玉田，名、号不详，福建长汀人，生平事迹亦不可考。传奇作品，仅有《玉镯记》一种，未传于世。

李阳春　字、号不详，籍里及生平事迹俱无可考。所制传奇，仅有《凤簪记》一种，今已散失。

李既明　字少谷，生平事迹不详，仅知为西北人。所作传奇有《金合记》《画竹记》两种，皆未见流传。

李素甫　字位行，江苏吴江人，生平事迹今无可考。所作传奇五种，仅有《元宵闹》一种，流传于世。其他《落花风》《卖愁村》《稻花初》《再生莲》四种，皆未见流传。

李梅实　名、号不详，湖北西陵（今湖北黄冈市）人。一作浙江杭州人。其生平事迹，今无可考。所制传奇，仅有《精忠旗》一种，但原本不见传于世。

李雨商　字桑林，河南人，生平事迹今不可考，所制传奇有《镜中花》及《丰乐按》两种，均未传于世。

李逢时　字九标，浙江钱塘人，生平事迹不详，所作传奇有《铁面图》一种，未见传世，但杂剧《酒愩》，至今尚传。

李长祚 字延初,江苏兴化人,生平事迹今不可考。所作传奇有《红叶记》《千祥记》《梅雪缘》《翠烟记》等四种,惜皆不传。

李宗泰 字华峰,江苏长洲人,生平事迹今不可考。传奇作品有《清风亭》《五羊皮》《联珠楼》等四种,皆未传世。

李 岳 字、号、籍里及生平事迹皆不可考。所制传奇有《采石矶》《剑门关》两种,未见传世。

沈受先 字寿卿,籍里不详,生平事迹今无可考。传奇作品,传世者有《三元记》一种,散失者有《龙泉记》《娇红记》两种,存目者有《银瓶记》一种,吕天成《曲品》称其人"蔚以名流,雄乎老学。"

沈 鲸 字涅川,或作涂川,浙江平湖人,生平事迹今已无考,传奇作品,现存于世者有《双珠记》《鲛绡记》两种,仅存散出者有《分鞋记》《青琐记》两种。吕天成《曲品》尝评其所著,谓"长于炼境"。

沈 采 字练川,江苏嘉定(今上海市嘉定区)人,生平事迹今不可考。传奇作品,现存于世者有《千金记》《还带记》二种,存疑待考者,有《临潼记》一种。另有《四节记》一种,为徐文昭收入其所编《全家锦囊续编》(嘉靖刻本)中。吕天成《曲品》称其人为"名重五陵,才倾万斛"。

沈　璟　字伯英，沈汉曾孙，号宁庵，别署词隐生，晚号聊和。江苏吴江人。生而韶秀玉立，颖悟绝人。数岁属对，应声如响。授之章句，日诵千余言，有神童之目。明万历二年（1547）进士，时年仅二十二岁，除兵部方司主事，以病免。寻又改礼部，转员外郎，复改吏部稽勋司。后以上疏立储，及为王恭妃封号忤旨，于万历十四（1586）年，降行人司正。十六年（1588）为顺天同考官。复升光禄寺寺丞。精六书学，喜诵读，遇误字悉厘正之。工诗文，善行草书。至万历十七年（1589），以疾归里，屏迹郊居，放情词曲。与同里顾大典，并蓄声伎，为香山洛社之游。所著词曲，甚为丰富，传奇作品，现存于世者计《红蕖记》《埋剑记》《双鱼记》《义侠记》《桃符记》《坠钗记》《博笑记》七种，仅存残曲者有《分钱记》《十孝记》二种，未见传本者有《合衫记》《鸳衾记》《分柑记》《四异记》《凿井记》《珠串记》《奇节记》《结发记》八种。以上十七种，总名《属玉堂传奇》。另又改订明汤显祖《还魂记》传奇为《同梦记》，《紫钗记》传奇为《新钗记》，又考订高明《琵琶记》传奇，皆未见流传。所制散曲，有《情痴呓语》《词隐新词》，复取元人北词，翻为南调，曰《曲海青冰》，今俱不传。论曲则有《唱曲当知》《正吴编》《论词六则》，亦多未见。尝增订明人蒋孝南《九宫谱》，成《南九宫十三调曲谱》一书，为现存唯一完备之南曲谱，乃制曲者之圭臬。又别辑《南词韵选》，幸传于世。尚有《北词韵选》《古今南北词林辨体》《古今词谱》及《属玉堂诗文稿》等，惜今未见。戏曲家吕天成尝称其："嗟曲流之泛滥，表音韵以立防；痛词法之蓁芜，订全谱以辟路。红牙馆内，乐府之匠石；游刃余地，词坛之庖丁。此道赖以中兴，吾党甘为北面。"推许之深如此。然沈氏于制曲，曾曰："宁律协而词不工，读之不成句，而讴之始协，是曲之工巧。"汤显祖闻之曰："彼恶知曲意哉！予意所至，不妨拗折天下人嗓子。"故吕天成谓："临川近狂，吴江近狷。倘能守词隐先生之矩矱，而运以清远道人之才情，岂非合之两美者乎？"沈氏生于明嘉靖三十二年（1553）二月十四日，卒于万历三十八年（1610）正月初六日，年五十八岁。天启五年（1625）追赠光禄寺少卿。

沈　祚　字希福。江苏溧阳人，生平事迹不详，所制传奇，仅有《指腹记》一种，未见传世。

沈惟生　字、号不详，籍里及生平事迹亦无可考，传奇作品，仅有《钗鱼记》一种，亦未见传世。

沈　棹　字、号不详，籍里及生平事迹亦不可考，传奇作品，仅有《双麟记》一种，未见传世。

沈应召　字、号不详，籍里及生平事迹均无可考，传奇作品，仅有《去思记》一种，未见传世。

沈季彪　字不详，浙江鄞县人，生平事迹亦不可考，所著传奇有《佛莲记》《莲舟记》《莲囊记》《还珠记》《漪绿园》《皈元记》《双喜记》《齐人记》等，称《玉亭新调》，及玉亭七种，惜皆未传于世。

沈一枝　名、号、籍里及生平事迹均无可考，传奇作品，仅有《桃花寨》一种，未见传世。

沈自昌　字、号不详，籍里及生平事迹亦无可考，所制传奇，仅有《紫牡丹记》一种，未见传世。

沈君谟　字苏门。江苏吴江人，与曲家沈自晋同宗。生平事迹待考。所制杂剧有《一合相》《丹昌坠》《风流配》《玉交梨》《绣凤鸾》等五种，仅前一种尚存，其他四种，皆不传于世。另有《青楼怨散曲集》，惜亦不传。

汪廷讷　字昌朝，一作昌期，号无如，别署坐隐先生、无无居士、全一真人、清痴叟。安徽休宁人，官至盐运使；博学能文，耽情诗赋，兼爱填词，著有《环翠堂集》《华衮集》《无如子正续赘言》《文坛列俎》《人镜阳秋》等。传奇现存于世者有《狮吼记》《投桃记》《三祝记》《种玉记》《彩舟记》《义烈记》等六种。仅见散出者有《二阁记》《长生记》《青梅记》三种，未见流传者有《高士记》《同升记》《威凤记》《飞鱼记》四种，改订他人者有《天书记》一种，存疑待考者有《天多记》《彩凤记》两种。

汪肇邰　字宗姬，一字师文，号休吾子，安徽徽州（在今安徽黄山市）人，或谓山东德州人，非是。吕天成《曲品》称其为："新安素封之嗣，游太学而契结公卿。"所制传奇仅有《丹管记》一种，未见传世。

汪湛溪 字、号不详，籍里及生平事迹亦无可考，所作传奇仅《孝义记》一种，未见传世。

汪景旦 名、号不详，籍里及生平事迹俱不可考，所作传奇仅《斩祛记》一种，未见传世。

汪 芗 字药房，安徽歙县人，生平事迹不详，所制传奇有《金杯记》及《纳翠记》两种，未见流传。

吴大震 字长宇，一作束宇，号长儒，别署市隐生，安徽休宁人，万历时人，所制传奇有《龙剑记》《练囊记》两种，皆未传于世。吕天成《曲品》于其作品称："文字之豪，寄牢骚于客舫。"

吴世美 字叔华，别署多口洞天人，浙江乌程（在今浙江湖州市）人，生平事迹不详，吕天成《曲品》尝称其人"逸藻出于世家"。传奇作品仅有《惊鸿记》一种，尚传于世。

吴德修 一作德甫，号建民，别署寄卢，四川新都人，生平事迹今不可考，传奇作品仅有《偷桃记》一种尚传于世。

吴　鹏　字图南，江苏宜兴人，生平事迹不详，所作传奇有《金鱼记》一种，未传于世。

吴于东　字、号不详，籍里及生平事迹均不可考，所作传奇有《兴吴记》一种，未见传世。

吴文义　字、号不详，籍里及生平事迹亦无可考，所作传奇有《还金记》《李纲挂印种》《卜式合钱记》三种，均未传于世。

吴怀绿　字、号均不详，籍里及生平事迹亦无可考。与叶泰华合作《金杯记》传奇一种，未见传世。

吴玉虹　名号，籍里不详，生平事迹亦无可考，所作传奇，流传于世者有《如是观》一种，残缺散失者有《齐天乐》一种。

吴　炳　字石渠，别署粲花主人，江苏宜兴人。明万历己未（四十七年，1619）进士。崇祯中，历官江西提学副使，永明王擢为兵部右侍郎，兼东阁大学士。王奔靖州，命炳扈王太子走，被清兵执送衡州，不食，自尽于湘山寺。至清乾隆时，谥忠节，著有《说易》《雅俗稽言》《绝命诗》《督学吴公祀名臣录》。所制传奇有《粲花斋乐府五种曲》《宜荆县志》卷九十，亦有其记载，计《录牡丹》《疗妒羹》《画中人》《西园记》《情邮记》，并传于世。

吴　溢　字千顷，一字汪度，江苏吴江人，或作长洲人，生平事迹无考，所制传奇有《双遇蕉》一种，未传于世。

吴　麒　字日千，籍里及生平事迹今不可考。所制传奇有《金钱记》《蓝桥月》《碧霞记》《天台梦》四种，均未传世。

朱　鼎　字永怀，江苏昆山人，生平事迹今不可考，所制传奇有《玉镜台》一种，尚传于世，吕天成《曲品》称其人"谈词侣盛，方鼓吹于骚坛"，并谓与同里二顾（允默、懋宏）同盟，而才不逮也。

朱　期　字万山，浙江上虞人，生平事迹已不可考，吕天成《曲品》称其："乃世家令子，终困志于卑官。"传奇作品，仅知有《玉丸记》一种，幸存于世。按吕天成《曲品》《远山堂曲品》，皆谓此作，是其自况者，不知确否。

朱少斋　名、号不详，浙江人，生平事迹今无可考，传奇作品有《破镜记》《英台记》《金钗记》三种，均未传于世。

朱道明　字、号不详，籍里及生平事迹，均无可考，传奇作品有《完赵记》一种，未传于世。

朱京藩　或作京樊，字价人，别署不可解人，籍里及生平事迹不详，所作传奇有《风流院》一种，尚行于世，另有《半襦记》一种，未见流传。

朱九经　字天期，籍里不详，生平事迹亦不可考，所制传奇作品有《崖山烈》一种，尚于传世。

吕天成　原名文，字勤之，号棘津，别署郁蓝生，浙江余姚人，吕姜山子，童年嗜声律，善词曲，既为诸生，兼工古文辞，其祖母孙太夫人，好储书，于古今戏剧，靡不购存，故天成泛澜极博，所著《烟鬟阁传奇》十种，杂剧八种。始工绮靡，才藻煜然，后最膺沈璟，改辙从之，稍流质易，然于宫调、字句平仄，皆兢兢恪守，不少假借。沈璟生平著述，悉授天成，并为刻播，与王骥德称文字交，垂二十年，每抵掌读词曲，日昃不休，又擅摹写丽情褒语，世所传《绣榻野史》《闲情别传》二种小说，皆其少年游戏之举，《曲律》称其"风貌玉立，才名藉甚，青云在襟袖间，而如此人曾不得四十，一夕溘逝，风流顿尽"。约生于明万历五年（1577）左右，卒于万历四十二年（1614）左右。所著《曲品》二卷，为研究明代戏曲作品最重要之资料，今尚盛传于世。所作传奇，共有十六种，其中未见流传者，为《神镜记》《金合记》《神女记》《李丹记》《双栖记》《三星记》《戒珠记》《蓝桥记》《神剑记》《二淫记》《四元记》《四相记》《画扇记》等十三种，存疑待考者为《玉符记》《碎琴记》《金谷记》三种。

车任远 字远之，号梶斋，别署舜水蓬然子。浙江上虞人，蔚有才情，结撰亦富。与陶望龄同时。所制传奇有《弹铗记》一种，仅存散出。

佘 翘 字聿云，一作聿文，安徽铜陵人，四岁授书，即能成诵，长遂悉究经文，诗古文皆有名，临川汤显祖见而奇之，呼为小友。明万历十九年（1591）领乡荐，屡上春官不第，著书以老，著有《翠微集》《浮斋集》《偶记》等编。所作传奇，现存于世者仅《量江记》一种，另有《赐环记》一种，未见流传。

吾邱瑞 字国璋，浙江杭州人，元人吾邱衍之后。吕天成《曲品》及《重订曲海目》《今乐考证》均作邱瑞吾，非是。生平事迹，今不可考，传奇作品有《合钗记》《运甓记》两种，皆未见流传。

杜 俊 字、号不详，籍里及生平事迹亦无可考，所作传奇仅有《冷香石》一种，未传于世。

何斌臣 字、号不详，籍里及生平事迹亦无可考，传奇作品有《八翼记》《女状元》两种，均不见流传。

何 樑 字、号不详，籍里及生平事迹亦无可考，所制传奇，仅有《翠钿记》一种，未见传世。

宋从龙　字春霖,江苏句容人,生平事迹今已无考,传奇作品,仅存名目者有《牡丹记》一种,存疑待考者有《玉钗记》《蛇山记》两种。

祁彪佳　字虎子,一字幼文,又字宏吉,号世培,浙江山阴人,万历三十年(1602)生。天启二年(1622)成进士,除兴化推官。崇祯四年(1631)擢御史,以直言敢谏称。巡抚苏松时,力惩权豪,为周延儒所怨,因以侍养告归。崇祯末,起河南道御史掌察,首疏请留岩山及御史金光宸;吴昌时紊制弄权,乃吒于朝而纠杀之。清人入关,祁氏时在南京,与史可法共筹恢复大计。以右都御史抚江南,多定变乱,然不容于马士英,弃职家居。南京破后,潞王监国杭州,加少司马,总督苏松,未及赴任,而清兵已渡江掩至,知事不可为,乃自沉于别业寓园水中,年四十五岁。时在乙酉(1645)闰六月初六日,祁氏之父承烨,即澹生堂主人,为明代藏书名家,至彪佳而更多增益,尤好广收南北曲,曾就所藏撰为《远山堂剧品》《曲品》凡有明一代杂剧传奇,几尽见于是。祁氏本人亦擅制曲,惟所作既无传本,亦乏记载,今仅考知有传奇《全节记》及《玉节记》二种。

更生氏　一作更生子,又作禹航更生氏,姓名、字、号不详,籍里及生平事迹皆不可考。所制传奇有《双红记》一种,尚传于世。

近斋外翰　姓、名、字、籍里均不详,生平事迹亦不可考,传奇作品有《红拂记》一种,未传于世。

初阳子 姓名、字、号、籍里,均已不详,生平事迹,更不可考,传奇作品有《合义记》一种,未见传世。

邱 濬 字仲深,号琼山,别署赤玉峰道人。广东琼山(今广东海口市琼山区)人。明景泰五年(1454)进士,选庶吉士,授翰林院编修。历官国子祭酒,礼部尚书,太子太保兼文渊阁大学士,自六经诸史九流笺疏之书,古今词人之诗文,下至医卜老释之说,靡不深究,尤精于朱子之学,著有《朱子学的》《家礼仪节》《大学衍义补》及《琼台集》《琼台类稿》等。相传少时尝作《钟情丽集》小说,以寄身之桑濮奇遇,为人所薄,故又谱《五伦全备奇传》以掩之云。邱氏以元老大儒,制曲非其当行,故王世贞《艺苑卮言》评之曰:"不免腐烂"。此本传奇,今尚传世。邱氏生于永乐十九年(1421),卒于弘治八年(1495),年七十五岁,谥文庄。

邱相卿 名、号不详,籍里及生平事迹均不可考。所制传奇有《彩鸾笺》一种,未见传世。

邵 灿 一作宏治,字文明,江苏宜兴人,邵珪兄。约生于明正统景泰间,仅知其为生员,其他事迹,则不可考,所制传奇有《香囊记》一种,盛传至今,徐渭《南词叙录》谓其人:"习《诗经》,专学杜诗,遂以二书语句,匀入曲中,宾白亦是文语。又好用故事,作对子,最为害事。"徐复祚《三家村老委谈》亦谓其:"以诗语作曲,处处如烟花风柳,丽语藻句,刺眼夺魄,然愈藻丽愈远本色。"

盖邵氏实启明代戏曲骈绮一派之先声也。又著有《乐善集》，见《宜荆县志》卷九十。

邵春怀 字、号、籍里不详，生平事迹亦无可考，仅知其为兴勋臣邵世荣之后，所作传奇有《金盔记》一种，未见流传。

林　章 先名春元，字初文，福建福清人，明嘉靖末年，倭寇犯闽，时章年仅十三，乃上书督府，求自试行间。万历元年（1573）以春秋举于乡，累上不第。尝走塞上，从戚继光游，携家侨寓金陵。性好公正，发愤南曹曲法，断梗阳之狱，攘臂直之，坐系金陵狱。三年出狱，旅燕京。万历二十六七年间（1598—1599），复抗疏请止矿税，兼陈立兵行盐之策，神宗感动，下内阁票拟举行，沈一贯承中人指阁其事，密接请逮治，即日下狱，暴病而死，天下惜之。工于诗文，有《林孝廉集》。《静志居诗话》引施愚山语云："初文才情跌宕，于唐人格律，时欲跳而去之，要能不为闽派所羁绁，可谓杰出者也。"所制传奇，有《观灯记》《青虬记》两种，均不见流传。生于嘉靖三十年（1551），卒于万历二十七年（1599），年四十九岁。

林世吉 字不详，别署泰华山人，或误作泰华山民。籍里无考，万历时人，五世直尚书省，辑有《古今清谈万选》。传奇作品，仅存散出者有《合剑记》一种，未传于世者有《玉玫记》一种。

金成初 字、号不详，籍里及生平事迹俱不可考，所制传奇，有

《荆州记》一种，亦未见流传。

金怀玉 字尔音。浙江会稽人，生平事迹今不可考，仅吕天成《曲品》称其为："稽山学究之翁，弃青衿而陶情诗酒。"所制传奇，现传于世者有《望云记》一种，仅有残本者有《桃花记》一种，存目未见有《香球记》《宝簪记》《绣被记》《妙相记》《完福记》《摘星记》《八更记》《三槐记》八种。

金三秉 字、号不详，籍里及生平事迹均不可考，传奇作品有《麟游记》一种，不见传世。

周朝俊 字夷玉，或误作梯玉，浙江鄞县人，诸生与戏曲家徐阳辉为同时人。为诗学李长吉，填词亦擅名，所制传奇十余种，仅知传世者有《红梅记》一种，存目者有《香玉记》《李丹记》两种，余均不详。

周履靖 字逸之，浙江秀水人，明万历间布衣，筑舍鸳湖之滨，种梅百余株，时咿唔其下，号梅墟，人呼为梅颠道人。游海上，获大螺为冠。号螺冠子。与妻桑，偕隐倡酬，刘凤为作《贫博士传》。李日华幼时与履靖比邻，抚之曰："他日必为风雅宗也。"以是负知人望。性颖悟，善吟咏，尤喜临池，大小篆行草楷隶，各尽其妙。著述极富，有《梅墟杂稿》《梅颠稿》《螺冠子》《江左周郎艺苑》《诗苑》《夷门广牍》等，约八十余种。所制传奇有《锦笺记》一种，尚存于世，所为散曲，见于《南宫词纪》。吕天成《曲品》称其人："著述俱侈，吟咏颇饶，放乎葛天无怀，解乎南华道德。"

周继鲁　字、号不详、籍里及生平事迹均不可考，所制传奇有《合衫记》一种，未传于世。

周禹锡　字、号、籍里不详，生平事迹亦无可考，传奇作品，仅知有《宫花记》一种，未传于世。

周锡珪　字、号、籍里，均已不详，生平事迹尚待考索，所制传奇有《风筝》一种，未见传世。

周公鲁　字公望，江苏昆山人，生平事迹今不可考，传奇作品，仅知有《锦西厢》一种，亦未见传。

周□□　名、字、号不详，江苏吴县人，曾官侍御，生平事迹待考，所制传奇，仅知有《传书记》一种，亦未传世。

孟称舜　字子若，又作子适，或作子塞，浙江山阴人，明崇祯间诸生，所居曰花屿别业。工于词曲，著作宏富，曾校辑元明人杂剧作品五十六种，为《古今名剧合选》（《柳枝集》《酹江集》）一书，复校刻元人钟嗣成《录鬼簿》，并为后世研究杂剧之要籍。所作传奇，流传于世者有《娇红记》《卓文记》《二胥记》三种，存疑待考者有《风云会》《绣被记》两种。

季世儒 字振末,号卓盦,江苏宜兴人,治《春秋》,能画善书,精律吕,善填词,所为散曲,得元人三昧,如江儿水"花尽江南"二句,信是将可久神髓。传奇作品,仅存残本《奇梦记》一种,散曲皆未传。

祝长生 字金粟,浙江海盐人,生平事迹不详,吕天成《曲品》亦谓:"不知其行藏,亦是流丽之才,工美之笔。"传奇作品,唯知有《红叶记》一种,未见流传。

施凤来 号立斋,浙江杭州人,或作平湖人,明万历三十五年(1607)会元,殿试第二,成进士,授编修,积官少詹事,兼礼部侍郎,至尚书,夙无节概,以和柔媚于世,时魏忠贤当国,凤来依阿权势,竟陟首辅。崇祯初,为言官所纠,乞休去。魏忠贤诛,落职闲住。有传奇作品二种,一种为《三关记》,已散失;一种为《五节记》,未见。

胡文焕 字德甫,一作德父,号全庵,别署抱琴居士,浙江钱塘人,博学多识,著述甚富,有《胡氏诗识》《皇图要览》《素问心得》《文会堂琴谱》《文会堂词韵》等,并辑刻《格致丛书》及选集《群音类选》。所作传奇,已散佚者有《犀佩记》《余庆记》二种;未见者有《奇货记》《三晋记》二种。另有杂剧一种。

胡遵华 字、号不详,籍里及生平事迹亦不可考;所制传奇有《杏花记》一种,未见传世。

胡湛然 字灵台,籍里及生平事迹今已无考。传奇作品有《三聘记》一种,未见传世。

姜以立 名、号不详,江西兴安(在今江西上饶市横峰县)人。生平事迹,今已无考,所作传奇有《金鱼钗》《梨钗记》两种,未见传世。

苗君稷 字焦冥,号有邰,河北永平人,好炼丹术,传奇作品有《白乳记》《松芝记》两种,俱已散佚。

苗 冠 字、号不详,江苏吴县人,生平事迹今无可考,所制传奇有《金花传》一种,未传于世。

宗 柏 或作宋柏,字、号、籍里,以及生平事迹今无可考,传奇作品有《果萆记》一种,未见传世。

两宜居士 姓名、字、号不详,籍里及生平事迹亦无可考,所制传奇有《锟铻记》一种,已散失。

庚生子　一作庾生子,姓名、字、号不详,或作庾庚,一作唐庚,字生子,恐未确。浙江仁和人,生平事迹亦不可考,所作传奇有《歌风记》一种,已散失。

玩花主人　姓名、字、号不详,生平事迹亦不可考,仅知其为江苏吴县人,所制传奇有《妆楼记》一种,尚见流传。

欣欣客　姓名、字、号不详,籍里及生平事迹亦无可考,所制传奇有《还魂记》一种,尚传于世。

长啸山人　姓名、字、号、籍里今已不详,生平事迹均无可考,传奇作品有《试剑》一种,亦未传世也。

青山高士　姓名、字、号、籍里今已不详,生平事迹亦无可考,所制传奇《盐梅记》一种,亦未传世。

青霞仙客　姓名、字、号、籍里俱已不详,生平事迹亦无可考,所制传奇有《阴抉记》一种,亦不传世。

松朧道人　姓名、字、号不详,籍里及生平事迹皆已无考,传奇作品二种,其《题塔记》一种,已散失,另一种《河梁怨》,未见。

固无居士　姓、名、字、号不详,生平事迹亦不可考,传奇作品有《文章用》一种，未传于世。

东村学究 姓名、字、号俱已不详，仅知为广东南海（今广东佛山市南海区）人，生平事迹，亦不可考，所作传奇有《四平山》《熊罴梦》《锦黁记》三种，均不见流传。

范文若 初名景文，字更生，又字香令，别署吴侬荀鸭、荀鸭檀郎，江苏吴淞（今上海市吴淞区）人。明万历丙午（三十四年，1606）举于乡，与常熟许士柔、孙朝肃，华亭冯明玠，昆山王焕如五人为拂水山房社，以奇文鸣一时。万历己未（四十七年，1619）成进士。除汶上知县，以严察为治。改治秀水，案牍之间，不废文翰。再调光化，意不自得，或兼旬不治事，扁舟往来江汉间，以钓筒诗卷自娱。迁南京乐部主事，为考功中伤，左迁，稍移南大理评事，以忧去官，卒年甫四十八。故《衡曲尘谈》尝谓："惜乎不永，一时绝叹。"著有《博山堂乐府》《博山堂传奇》；辑有《博山北曲谱》。传奇作品，传世者有《花筵赚》《梦花酣》《鸳鸯棒》三种。散佚者有《生死夫妻》《勘皮靴》《金明池》《花眉旦》《雌雄旦》《欢喜冤家》六种，存目者有《倩画姻》《金凤钗》《闹樊楼》《晚香亭》四种，存疑者有《绿衣人》《斑衣欢》《千里驹》三种，共计十六种。另有散曲，见《吴骚合编》。又据《上海县志》，谓文若美姿容，工谈笑，雅慕晋人风度，好为乐府辞章，识者拟之汤临川云。

范受益 号丁庵，江苏吴县人，生平事迹不详，传奇作品有《寻亲记》《玉鱼记》《还璧记》三种，均不见流传。

范农康　字、号不详，广东新会（今广东江门市新会区）人，生平事迹，亦不可考，传奇作品有《归燕记》《采薇记》《双卿记》三种，皆未传世。

范世彦　字君征，号暗甫，浙江嘉兴人，生平事迹，尚待考索。所制传奇有《磨忠记》一种，尚传于世。

俞　筠　字、号不详，籍里及生平事迹亦不可考，传奇作品有《孤蝶记》一种，未传于世。

秋阁居士　姓名、字、号不详，籍里及生平事迹均不可考，仅知其为万历以前时人，所作传奇《夺解记》一种，今已散失。

秋郊子　姓名、字、号、籍里均已不详，生平事迹亦不可考，传奇作品，有《飞丸记》一种，尚存于世。

若水居士　姓名、籍里均已不详，生平事迹亦无可考，所制传奇有《三妙记》一种，未见传世。

柳□□　名、字、别号、籍里皆已不详，生平事迹亦无可考，传奇作品有《珍珠衫》《翡翠钿》二种，未见流传。

姚茂良 字静山,浙江武康(在今浙江湖州市)人,生平事迹今不可考,传奇作品有《双忠记》一种,尚传于世。吕天成《曲品》称其:"仅存一帙,惟睹双忠。笔能写义烈之刚肠,词亦达事情之悲愤,求人于古,足重于金。"别有存目《合璧记》一种,尚待考订。

姚子翼 字襄侯,号仁山,浙江秀水人,生平事迹已不可考,传奇作品,现传于世者有《遍地锦》《上林春》两种,已散佚者有《祥麟现》一种,仅存名目者有《白玉堂》一种。

席正吾 字、号、籍里不详,生平事迹亦无可考,大约为明中叶以前人,所作传奇有《罗帕记》一种,散失不全,仅存散出若干。

徐　元 字叔回,浙江钱塘人,生平事迹,今不可考,传奇作品有《八义记》一种,尚存于世。

徐　霖 字子仁,号髯仙,别署九峰道人,江苏上元(今江苏南京市江宁区)人,七岁能赋诗,九岁能书大字,补诸生,即有名声,然倜傥不羁,坐事削籍,乃殚力于藻翰,书画皆工,名播海外,日本、安南尝以重价购其所作。明武宗至南京,伶人臧贤荐之,令填新曲,特爱重之,官以锦衣镇抚,赐一品服,扈从到京,将不次擢用。会武宗死,乃止。所填散曲,语语入律,大有才情。传奇作品有《柳仙记》一种,仅存残曲数支。生平著述有《丽藻堂文集》、《古杭清游稿》、《北行稿》、《端居咏》、《皖湘录》、《远游记》一种、

《中原音韵注释》等。霖奉母至孝，卒年七十七。另有传奇《绣襦记》《三元记》《梅花记》《留鞋记》《枕中记》《种瓜记》《两团圆》七种，存疑待考。

徐复祚　原名笃儒，字阳初，改字讷川，号谟竹，别署破悭道人、阳初子、洛诵生、休休生、三家村老、忍辱头陀、悭吝道人。江苏常熟人，徐栻之孙。博学能文，著有《花当阁丛谈》《家儿私语》。尤工词曲，钱谦益题其小令，以高则诚为比。生于嘉靖三十九年（1560），卒于崇祯三年（1630）以后，约七十余岁。所作传奇尚传于世有《红梨记》《投梭记》《宵光剑》三种，存疑待考者有《题桥记》一种。另有新剧两种。

徐应乾　字孔坪，籍里不详，仅知其官医巫，以强项为当事所扼。传奇作品有《德政编》《两诗记》《筹房记》《炭廖记》《三迁记》《汨罗记》六种，均不见流传。

徐胤佳　字、号不详，籍里及生平事迹，今不可考，所制传奇有《禅真记》一种，未见传世。

徐阳辉　字玄辉，一作元辉。浙江鄞县人。诸生。工诗词，尤善制曲，著有传奇《青雀房乐府》。尝爱屠隆"名妓翻经，老僧酿酒，将军擅翰墨，文士驰戎马"之语，遂演为全本，其《老僧酿酒》一剧，更为时所赏。阳辉另有新剧两种，《鄞县志》卷三八有传。

徐肃颖 字敷庄，江苏柘浦（在今浙江宁波市宁海县）人，生平事迹，今不可考，仅知有册订传奇《丹桂记》一种，尚存于世。

马守真 字湘兰，一字月娇，小字玄儿，江苏金陵名妓，以善绘兰称，故湘兰之名独著。性喜轻侠，时时挥金以赠少年。精歌舞，工文学，有诗二卷，王穉登为之序。所制传奇，有《三生传》一种，今已散失。守真生于明世宗嘉靖二十七年（1548），卒于神宗万历二十年（1604），年五十七岁，于秦淮客寓。所著《绿窗女史》卷十二，有传。

秦鸣雷 字子豫，号华峰，浙江临海人，明嘉靖二十年（1543）领乡荐，明年廷对，世宗亲擢为进士第一人。时天大旱，方祈雨雨郊坛，睹其名，复大喜，授修撰，累官至国子祭酒、吏部尚书。尝总校《永乐大典》，晚年乞休家居，优游林下者二十余年，凡吴越之奇胜处，无不穷探编历者。生于正德十三年（1518），卒于万历二十一年（1593），年七十六岁。著有倚云楼稿及谈资，见《浙江通志》卷一八一。所制传奇，有《合钗记》一种，别题《清风亭》，徐文昭《全家锦囊续编》中曾收入。

秦台外史 姓、名、字、籍里均不详，生平事迹亦不可考，传奇作品有《裙钗婿》一种，未见传世。

高　濂 字深甫，号瑞南，浙江钱塘人，工于填词，有《芳芷楼词》。善制曲,有传奇《玉簪记》及《节孝记》两种,盛传至今。所为散曲,明清戏曲选集多有采录者。著述尚有《遵生八笺》。《杭州府志》卷九五,亦有其记载。

高一苇 名、字不详,浙江钱塘人,生平事迹亦不可考,传奇作品有《金印合纵记》及《蔡花记》两种,乃系改订而成者。

高汝拭 字不详,别署藻香子,籍里及生平事迹亦不可考,所制传奇有《不丈夫》一种,未传于世。

凌濛初 字玄房,号初成,一号稚成,亦名凌波,又字波厈,别署即空馆主人。浙江乌程人。明万历八年(1580)生。十二岁游泮宫,十八岁补廪膳生。天启三年(1623),入都就选。崇祯七年(1634),授上海县丞,署令事,又署海防。崇祯十五年(1642)擢徐州判,崇祯十七年(1644)卒,年六十五岁。工于诗文,天资高朗,下笔便俊,与吴伯善,时称"吴凌"。著述宏富,有《国门集》《鸿讲斋诗文》《燕筑讴》《圣门传诗谪冢》《言诗异》《诗逆》《诗经人物考》《左传合鲭》《史汉异同补评》《战国策概》《乙编蠹诞》《嬴滕三札》《荡栉后录》《合评诗选》《陶韦合集》《东坡禅喜集》《惑溺供》。尤精于曲学,著有《曲律》《谈曲杂札》《南音三籁》等。所编短篇小说《拍案惊奇》及《二刻拍案惊奇》两集,并传于世。其传奇作品有《衫襟记》一种,仅存散曲乃系改明高濂《玉簪记》而成者,尚有存疑待考者,为《雪荷记》及《合剑记》两种。此外，又有杂剧九种。明末汪坛尝评其曲曰："初成诸剧，真堪伯仲周藩，非复近时词家可比。"

舯圆生 姓名、字、号、籍里俱已不详，生平事迹亦不可稽考，所作传奇有《浮鸥记》一种，亦未见传。

涉　翁 姓名、字、号、籍里，皆已不详，生平事迹，亦不考，所制传奇有《绛袖记》一种，亦未传流。

孙　柚 字梅锡，一作禹锡，江苏常熟人。性粗豪，不修曲谨，善饮，喜樗蒲。居藤溪，肃然一室，无儋石储，而好客不衰。工词曲，所制传奇有《琴心记》一种，流传至今。与戏曲作家徐复祚相友善。

孙钟龄 字仁孺，号峨眉子，别署白雪楼主人、白雪道人。籍里不详，生平事迹，尚待考索。所制传奇，有白雨二种曲《东郭记》《醉乡记》，尚传于世。

孙一化 字、号不详，籍里及生平事迹均无可考，传奇作品有《三纲记》一种，未传于世。

孙□□ 名、号、籍里不详，生平事迹无可考，所作传奇有《玉镜台》一种，未传于世。

袁宏道 字中郎，湖北公安人，年十六为诸生，即结社城南为之长。举万历进士，知吴县，听断敏决，公庭鲜事，与士大夫谈说诗文，官终稽勋郎中。为诗文主妙悟，与兄宗道，弟中道，并有才名，时号"公安三袁"。其为诗，矫王李之弊，倡以清真，然以识解多僻，颇为人所讥。著有《潇碧堂》《瓶花斋》《破研斋》《敝帆》《解脱》《广陵诸集》。尝刊行汤显祖玉茗堂四种曲，又删润周朝俊《红梅记》传奇，俱传于世。

纪振伦 字春华，别署秦淮墨客，江苏金陵人，生平事迹待考，传奇作品有《折桂记》《三桂记》《七胜记》三种，皆存于世。尚著有讲史小说《杨家府世代忠勇通俗演义》，盛传至今。

翁子忠 名、号、籍里不详，生平事迹亦无可考，传奇作品有二种，其《镶环记》一种，已散佚不全；另《白蛇记》一种，未见。

夏　邦 字、号不详，籍里及生平事迹均无可考，传奇作品有《宝带记》一种，未见传世。

夏均正 字、号，籍里不详，生平事迹亦不可考，传奇作品有《西游记》一种，未见传世。

夏□□ 名、字、别号不详，籍里及生平事迹亦复无考，作者时代，当在明末，所制传奇，有《大刀记》一种，亦未流传。

崔时佩　字、号不详，浙江海盐人，生平事迹亦无可考，约为明中叶以前时人，传奇作品有《南西厢记》一种，未见传世。

章大纶　一作大伦，字金庭，一作金定，或作全定。浙江钱塘人，生平事迹不详，吕天成《曲品》称其为"倜傥名士"。所制传奇有《符节记》一种，今已散失。

曹大章　字、号不详，江苏山阳（在今江苏淮安市）人，生平事迹亦无考，所制传奇有《雁书记》一种，未见传世。

涵阳子　姓名、字、号、籍里俱已不详，生平事迹亦无从稽考，所制传奇有《杖策记》一种，未见传世。

陈　铎　字大声，号秋碧。江苏邳县人。睢宁伯陈文之曾孙。世袭济州卫指挥，家南京。于经传子史，百家九流，莫不贯穿。工诗画，山水仿沈启南，自为诗题其上。尤精声律，时称"乐王"。以戏曲名于世，所为散套，稳协流丽，被之丝竹，审宫节羽，不差分毫。著有《秋碧乐府》《梨云寄傲》《公余漫兴》《月香亭稿》《滑稽余韵》《秋碧轩稿》等集。所制传奇，有《纳锦郎》一种，仅存残刻；另有杂剧两种，亦不见流传。

陈罢斋　名、字、籍里不详，生平事迹，亦不可考，所作传奇有《跃鲤记》一种，尚传于世，另有存目《风云记》一种，尚待考订。

陈与郊 原姓高，字广野，号禺阳，一作隅阳，又作虞阳，别署玉阳仙史，浙江海宁人。举万历元年（1573）乡试，万历二年（1574）进士。历官河间推官，吏科给事中，太常寺少卿。张居正当国，以法绳郡县，与郊独给以宽和，人称陈佛子。万历十九年（1591），以事去职。闭门著述，凡数万言。性嗜学，自六籍外，留心太空潜虚，好屈、宋、扬、马、张、左诸家赋，考订梓之。诗咏间作，其藻思播之歌欤，被管弦以自娱。尝寄寓安徽歙县。约卒于万历四十年（1612）左右。自以缙绅士大夫，不屑以词曲鸣于时，乃托名高漫卿，著《诊痴符》四种传奇，又别署曰任诞轩，世人往往以其齐名，误为著者姓名。万历十六年（1588）书林新安徐氏所刻古名家杂剧一书，实出于与郊选辑，其他著述，尚有《蘋川集》《隅园集》《黄门集》《考工记辑注》《檀弓辑注》等。所制传奇有《鹦鹉洲》《樱桃梦》《麒麟罽》《灵宝刀》四种，并传于世。另有杂剧五种，今传三种。

陈汝元 字太乙，号太乙山人，又号燃藜仙客，署其书斋曰"函三馆"。浙江会稽人，尝官知州。贫而嗜古，工于词曲，所作传奇，现存于世者有《金莲记》一种，不见流传者有《紫环记》及《太霞记》两种。另有杂剧一种，今尚传。

陈　鹤　字海樵，浙江山阴人，隐居怪山之息柯亭，角巾野服，清旷如太白，谐谑如东坡，荒诞如郲仙，风月如元度。外方有过访春，时遇出游，如云林秘阁，再拜而去，所作散曲，陈所闻南宫词纪多选录之。传奇有《孝泉记》一种，今不传。

陈宗鼎　字、号不详，籍里及生平事迹俱不可考，传奇作品有《宁胡记》一种，已散失。

陈开泰　字治征，籍里及生平事迹今已不详，传奇作品有《冰山记》一种，久已散失。

陈显祖　字不详，别署四明山环溪渔父，浙江鄞县人，所作传奇有《莲囊记》《合珠记》二种，今俱不传。

陈情表　字圣鉴，籍里及生平事迹今无可考，传奇作品有《弹指清平》一种，未传于世。

陈贞贻　字、号不详，籍里及生平事迹亦不可考，所作传奇有《当垆记》一种，未传于世。

陈世宝　字、号不详，籍里及生平事迹均不可考，所制传奇有《八德记》一种，未传于世。

陈六龙 字、号不详，籍里及生平事迹今无可考，所制传奇有《雷峰记》一种，未传于世。

陈德中 字、号不详，籍里及生平事迹今无可考，所作传奇有《赐剑记》一种，未传于世。

陈衷脉 名、号不详，籍里及生平事迹俱已无考，传奇作品有《金牌记》一种，未传于世。

陈龙光 字、号不详，籍里及生平事迹亦不可考，传奇作品有《西游记》一种，未传于世。

陈二游 原名周，以字行，籍里及生平事迹均无可考，所制传奇有《诗扇记》一种，未见传世。

陆　采 字子玄，一作子元；号天池，一作天奇；别署清痴叟。江苏长洲人，少为校官子弟，不屑守章句。性豪荡不羁，困于场屋，日夜与所善客剧饮歌呼。东登泰岱，南踰岭峤，游武夷诸山。年十九时作《明珠记》传奇，乃兄陆粲具草，而采踵成之。曲既成，集吴门教师精音律者，逐腔改定，然后妙选梨园子弟，登场教演，期尽善而后出，故尖俊宛转，一时称盛。其传奇著述有《觭记》一种，止存散出；《分鞋记》一种，存目未见。

陆　弼　一名君弼，字无从，江苏江都（今江苏扬州市江都区）人，岁贡生，自髫龀至老，治博士家言，日夜不少废；又好博涉，多所选述，著有《正始堂集》二十六卷。广陵为南化孔道，请绝宾客，结纳贤豪长者，其声藉甚，尝为诗云："匣有鱼肠堪结客，世无狗监莫论才。"何元朗极为激赏之，吕天成《曲品》称之为"诗酒文豪"。赵兰溪（贞吉）当国，议修正史，请征前知县王一鸣、前同知魏学礼、大学士王稺登、生员陆弼入史馆，参与纂修，未上而能罢。年七十余卒。所制传奇仅知有《存孤记》一种，惜已散失。著有《正始堂集》，见于《扬州府志》卷五十一。

陆华甫　名不详，江苏金陵人，生平事迹，今不可考，传奇作品有《双凤记》一种，尚传于世。

陆济之　字利川，江苏无锡人，或作陈济之，非是。生平事迹不详，传奇作品有《题桥记》一种，未传于世。

陆江楼　名、号不详，浙江杭州人，生平事迹，亦不可考，传奇作品，仅知有《玉钗记》一种，惜已散佚。

张凤翼　字伯起，号灵墟，别署灵虚先生、冷然居士。江苏长洲人，明嘉靖四十三年（1564）举于乡，四上春官报罢。与其弟献翼、燕翼并有才名，吴人语云："前有四皇，后有三张。" 凤翼、燕翼皆举乡荐，献翼困国学，燕翼早死，而凤翼老于公车，以鬻书自给。

文学品格，独迈时流，而以诗文字翰交给贵人为耻。著有《处实堂前集及后集》《谈辂》《文选纂注》《梦占类考》。善度曲，自朝至夕，口呜呜不已。晚喜为乐府新声，天下之爱凤翼新声者，甚于古文词。吴中旧曲师有太仓魏良辅，凤翼出而一变之，群起宗焉。尝与次子演《琵琶记》，父搬蔡邕，子搬赵氏，观者填门，夷然不屑意也。所制传奇，有《红拂》《祝发》《窃符》《虎符》灌园《㾋廖》六种，总题为《阳春六集》。又仅存目者有《平播记》一种，存疑待考者有《芦衣记》《玉燕记》两种，散曲有《敲月轩词稿》，亦久散佚。凤翼生于嘉靖六年（1527），卒于万历四十一年（1613），年八十七岁。

张　翀　字子仪，号浑然子，广西马平（在今广西柳州市）人，明嘉靖三十二年（1553）进士，授刑部主事，以劾严嵩下诏狱。官至刑部右侍郎，著有浑然子十八篇，传奇作品，未传于世者有《锦囊记》一种，存疑者有《玉钩记》一种。

张四维　字治卿，号午山，或误作屏山，别署五山秀才。河北元城（在今河北邯郸市大名县）人，生平事迹不详，传奇作品三种，现存者有《双烈记》一种，未见者有《章台柳》一种，待考者有《魍魉记》一种，所存散曲集《溪上闲情》，原稿藏于家，不见传流。

张太和　字幼于，号屏山，浙江钱塘人，生平事迹不详，所作传奇有《红拂记》一种，未见传世，吕天成《曲品》称其人：

"才华颇邕。"

张从德 一作从怀,字同谷,浙江海盐人,生平事迹不详,传奇作品有《纯孝记》一种,未见传世。

张景岩 字潄宾,或作潄滨,江苏溧阳人,生平事迹今不可考,传奇作品有《分钗记》一种,已散佚。

张竹亭 名、字不详,籍里及生平事迹今不可考,传奇作品有《双节记》一种,未传于世。

张子贤 名、号不详,籍里及生平事迹均不可考,所作传奇有《聚星记》一种,未见传世。

张应昌 名、号不详,籍里及生平事迹亦不可考,所制传奇有《香罗记》一种,未见传世。

张其礼 名、号不详,籍里及生平事迹亦不可考,所作传奇有《合屏记》一种,未传于世。

寄鸣道人 姓名、字、号不详,籍里及生平事迹均无可考,传奇作品有《完扇记》一种,今已散失。

闲闲子　姓名、字、号、籍里皆已不详,生平事迹亦无法稽考,传奇作品有《远帆楼》一种,未见传世。

清阮堂　姓名、字、号,籍里不详生平事迹,亦无可考所制传奇有《玉镜台》一种,亦未传世。

清啸生　一作清笑生,姓名、字、号不详,江苏金陵人,生平事迹亦不可考,所制传奇有《喜逢春》一种,清乾隆时虽遭禁毁,然幸存于今。

研雪子　姓、名、字均不详,江苏吴县人,生平事迹亦不可考,书斋署曰识闲堂。所制传奇二种,仅知有《翻西厢》一种传世,另一种《卖相思》,则未见流传。

雪蓑渔隐　姓名、字、号、籍里均已不详,生平事迹亦不可考,《曲海总目提要》谓系明初人,颇属疑问,尚待考定,传奇作品有《沉香亭》一种,亦未见传。按此"雪蓑渔隐",疑即明嘉靖时李开先友人苏雪蓑,名洲,河北唐县人,尚有散曲传世。又按元明间散曲作家夏庭芝,著有《青楼集》一卷。字伯和,一作百和,亦好雪蓑,别署雪蓑渔隐,一作雪蓑钓隐,江苏华亭人。

雪溪子　姓名、字、号、籍里均已不详,生平事迹亦不可考。传奇作品有《迷楼记》一种,未见传流。

屠　　隆　字子卿，又字纬真，号赤火，别署由拳山人、一衲道人、蓬莱仙客、娑罗主人，晚号鸿苞居士。浙江鄞县人，明万历五年（1577）进士，除颖上知县，调青浦，延接吴越名士沈明臣冯梦祯等，饮酒赋诗，然于吏事不废，士民皆爱戴之。迁吏部主事，历郎中，好客益甚，蓄声伎，放情诗酒，终以事罢免。既不仕，以鬻文为沽，遨游吴越间，寻山访道，啸傲赋诗，晚年出旴江，登武夷，穷八闽之胜，谈空核玄，为黜者所弄，自诡出世，怏怏而卒。王世贞称其诗有天造之致，文尤瑰奇横逸，所著有《栖真馆集》《由拳集》《白榆集》《采真集》《南游集》《绛雪栖集》《娑罗图集》《鸿苞》《钜文》《考槃余事》《冥寥子游》等。尤擅词曲，工音律，能爨演，每至剧场，辄阑入群优中作技云。所制传奇有《昙花记》《修文记》《彩毫记》三种，总名《凤仪阁乐府》，并传于世。屠氏明嘉靖二十一年（1542）生，万历三十三年（1605）卒，年六十四岁。

彭南溟　名、号、籍里不详，生平事迹亦不可考，传奇作品有《玉佩记》《双侠记》《四义记》《遗香记》四种，皆无从稽考。

童养中　字、号、籍里不详，生平事迹更无可考，传奇作品有《胭脂记》一种，尚传于世。

梁辰鱼　字伯龙，号少白，一号仇池处史。江苏昆山人。不屑就诸生试。雅擅词曲，精于音律。时邑人魏良辅工于乐歌，始变弋阳，海盐故调为昆腔（本元人顾坚），而辰鱼独得其传，填制《浣沙记》

传奇，付梨园子弟歌之。王世贞诗所云"吴阊白面冶游儿，争唱梁郎雪艳词"是也。同时复有戏曲音乐家陆九畴、郑思笠、包郎郎、戴梅川辈，更唱迭和，清词丽句，流播人间。好游嗜酒，足迹遍吴楚间。兼工于诗，著有《远游稿》。陈田明诗纪事尝谓："伯龙词曲称名家，诗亦藻丽。"嘉靖间，李攀龙、王世贞等七子，皆折节与交。约生于正德末年，卒于万历中叶，年七十四岁左右。传奇作品，流传于世者有《浣纱记》一种，存目未见者有《鸳鸯记》一种。另有杂剧三种，及散曲《江东白苎》。

梁玉儿 字、号不详，籍里及生平事迹亦不可考，唯知为女性作家。所制传奇有《合元记》一种，未见传世。

盛于斯 字、号不详，籍里及生平事迹皆不可考，所作传奇有《鸣冤记》一种，未传于世。

许三阶 字、号、籍里不详，书斋署曰"四会堂"，生平事迹亦不可考，传奇作品二种，仅存《节侠记》一种，另有《红丝记》一种，已失传。

许自昌 字玄祐，江苏吴县人，尝居唐人陆龟甫里，聚书连屋，别署梅花墅，《苏州府志》卷七十六，有其记载。与陈继儒相友善，工戏曲，所作散曲，残存于《明季戏曲选集》，著述有《樗斋诗钞》四卷，《樗亭漫录》十二卷，《捧腹编》十卷。校刻《太平广记》一书，著称于世。所作传奇有：《水浒记》、《橘浦记》、《节侠记》（改订明人许三阶之作）、《种玉记》（改明人汪廷讷之作）四种，尚流传于世。另有《灵犀佩》《弄珠楼》《报主记》《临潼会》《瑶池宴》五种，则已佚。

许宗衡 字、号不详，籍里及生平事迹今无可考，所作传奇有《雷鸣记》一种，未见传世。

许以忠 字、号不详，籍里及生平事迹俱不可考，所作传奇有《三节记》一种，未传于世。

许次纾 字、号不详，籍里及生平事迹亦不可考，传奇作品《合璧记》一种，未见传世。

许炎南 字有丁，浙江海盐人，生平事迹不详，传奇作品有《情不断》《软蓝桥》两种，未见传世。

汤家霖 或误作杨家霖，字瑞甫，号宾阳，浙江钱塘人，生平事迹不详，传奇作品有《玉鱼记》一种，今已散失。

汤显祖 字义仍，一字若士，号海若，别署清远道人，江西临川（今江西抚州临川区）人，明隆庆四年（1570）举于乡，万历十一年（1583）成进士，除南京太常博士，寻迁礼部主事。十八年（1590）疏劾着辅申时行，谪广东徐闻典史，后转浙江遂昌知县。二十六年（1598）上计投劾，罢归不复出，性任达，急人之难甚于己，不以贫无力辞；又喜奖与后进，家居二十年，穷老蹭蹬，所居玉茗堂，文史狼藉，宾明杂坐，鸡埘豕圈，接迹庭户，萧闲咏歌，俯仰自得。少熟文选，中攻声律，四十以后，诗变而之香山、眉山，文变而之南丰、临川。晚年师盱江而友紫柏，悠然有度世之志。胸中魁垒，陶写未尽，发而为词曲，所制传奇五种，今皆传世，除《紫箫记》外，其余《还魂记》《紫钗记》《邯郸记》《南柯记》，合称《玉茗堂四梦》。沈德符《顾曲杂言》称其"牡丹亭梦一出，家传户诵，几令西厢减价"。盖汤氏尚趣，直是横行，虽字句不协，而天才恣纵，自足不朽。徐釚苑业谈谓其词曲小会，擅绝一世。惜其散曲，无一存者，殆为其开远所焚弃矣。著述尚有《玉茗堂诗集》《文集》《尺牍》《问棘堂集》等。汤氏生于明嘉靖二十九年（1550），卒于万历四十五年（1617），年六十八岁。

汤子垂 字、号、籍里不详，生平事迹亦不可考，传奇作品有《续精忠》一种，尚传于世。

阳明子 姓名、字、号、籍里均已不详，生平事迹亦无可考，所制传奇有《冤符记》一种，亦未传世。

寒潭主人 姓名、字、号、籍里今皆不详，生平事迹亦不可考，传奇作品有《饮泉记》一种，未见流传。

黄惟楫 一作维楫,字说仲,浙江天台人,黄绾孙。万历中布衣。工于文学,其诗多与王世贞、区大任等唱酬之作,著《诗草》十八卷。吕天成《曲品》则称其为:"尚书之裔,推竞爽于侯家。"所制传奇有《龙绡记》一种,今亦散失。

黄伯羽 字钓叟,上海人,生平事迹不详,传奇作品有《蛟虎记》一种,未见传世,吕天成《曲品》评其所作曰:"妙于选题。"

黄廷俸 一作庭章,字君选,江苏常熟人。或作黄庭奉,非是。生平事迹不详,传奇作品有《白璧记》《奇货记》二种,皆未传世。

黄 日 字、号不详,生平事迹亦不可考,唯知其为福建人,传奇作品有《玉花记》一种,未见传世。

黄中正 字履之,仅知为福建人,至于生平事迹今不可考,所作传奇有《双燕记》一种,未见传世。

黄粹吾 字、号不详,或谓别署盱江韵客。籍里及生平事迹,均无可考,所制传奇二种,仅有《升仙记》一种传世,另一种《胡笳记》,则已失传。

黄 澜 字、号不详,籍里及生平事迹,亦不可考,所制传奇有《赤壁记》一种,未见传世。

黄大可　字、号不详，江苏金陵人，生平事迹亦不可考，所作传奇有《诗囊恨》一种，未见传世。

云水道人　姓名、字、号均不详，生平事迹亦不可考，戏曲作品有传奇《蓝桥玉杵记》一种，及杂剧一种，散曲一套，均传于世。

云淡散人　姓名、字、号、籍里今俱不详，生平事迹亦不可考，传奇作品有《碧玉燕》《跨虹记》《九骏图》《堕楼记》四种，均不见流传。

云谷叟　姓名、字、号、籍里今已不详，生平事迹更无可考，传奇作品有《炉烟记》一种，已失传。

笔花主人　姓名、字、号、籍里皆不详，生平事迹亦已无考，仅知其为嘉靖以前时人，传奇作品有《摘缨记》一种，未见传世。

湛　然　僧人，姓名不详，号散木。浙江会稽人，生平事迹待考。所作传奇有《妒妇记》一种，未见传世。另有杂剧两种，一尚存，一已佚。

梅孝己　名不详，号情痴，湖北西陵人，生平事迹今不可考，传奇作品，仅知有《洒雪堂》一种，亦未见传。

梅鼎祚 字禹金，号署胜乐道人，安徽宣城人。宛溪先生梅守德之子，国子监生。弃举子业，以古学自任，诗文博雅，王世贞尝称之。申时行曾荐于朝，辞不赴。归隐书带园，构天逸阁，藏书著述其中。著有《鹿裘石室集》《历代文纪》《汉魏八代诗乘》《古乐苑》《书记洞诠》《宛雅》《青泥莲花记》《才鬼记》《才妖记》等。生于嘉靖二十八年（1549），卒于万历四十三年（1615），年六十七岁。传奇作品，现传于世者有《玉合记》《长命缕》两种，未完成者，有《玉导记》一种。另有杂剧一种，今尚存。

无心子 姓名、字、号不详，生平事迹亦不可考。传奇作品有《千祥记》一种，改编者有《金雀记》一种，均不传。

章□□ 名、字、别号、籍里今俱不详，生平事迹无从稽考，所制传奇有《砥澜记》一种，未见传世。

华山居士 姓、名、字、籍里均不详，生平事迹亦已无考，传奇作品有《投笔记》一种，尚传于世。

单　本 字槎仙，浙江会稽人，生平事迹已不可考。所制传奇，现传于世者有《蕉帕记》一种，存目未见者有《露绶记》一种，存疑待考者有《鼓盘记》《菱镜记》《合钗记》三种，《远山堂曲品》之《逸品》内，尝称其人："生而不好学，故词无腐病；生而不事家人产，故曲无俗情；且又时以衣冠优孟，为按拍周郎，故无局不新，无词不合。"

路　迪　字惠期，号海来道人，江苏宜兴人，生平事迹，待考。传奇作品有《鸳鸯绦》一种，清乾隆时虽遭禁毁，幸有传本传世。

程文修　字仲先，一字子叔，或误叔子，浙江仁和人，生平事迹不详，所著《天香词谱》《牡丹驻云飞百首》，有名于时，传奇作品三种，其《玉香记》一种，已散失，《望云记》一种未传于世，《反司记》一种存疑。

程九鸣　字、号不详，籍里及生平事迹均不可考，传奇作品有《普化记》一种，未传于世。

程守兆　字、号不详，籍里及生平事迹皆不可考，所制传奇有《金合记》一种，未传于世。

程从周　字、号不详，籍里及生平事迹亦不可考，传奇作品有《青螺记》一种，未传于世。

程丽先　字光巨，安徽新安（在今安徽黄山市）人，生平事迹无考，所制传奇有《双麟瑞》《笑笑缘》两种，未传于世。

程子伟　字正夫，江苏江都人，生平事迹不详，所作传奇有《雪香缘》一种，未见传世。

程良锡 字、号不详，籍里及生平事迹俱不可考，所制传奇有《负剑记》一种，未见传世。

杨柔胜 字新吾，江苏武进（今江苏常州市武进区）人，生平事迹，今不可考，所制传奇二种，其《缘绮记》一种，已散失，《玉环记》一种存疑。

杨　珽 字夷白，浙江钱塘人，生平事迹今不可考，传奇作品二种，现传于世者有《龙膏记》一种，仅存散出者有《锦带记》一种。

杨之炯 或误作杨文炯，非是。字星水，别署云水道人。浙江余姚人，生平事迹已不可考，仅知为明末时人，传奇作品有《玉杵记》一种，未传世。

杨　静 字良夫，江苏常熟人，生平事迹不详，所制传奇有《双修真》一种，未见传世。

叶良表 字、号、籍里待考。少习经生业，屡试不第，去事船桨，尤工词赋，旁及岐黄堪舆诸业，靡不究意，传奇作品，仅知有《分金记》一种，幸存于世。

叶宪祖 字美度，一字相攸，号桐柏，又号六桐，别署檞园居士、檞园外史、紫金道人。浙江余姚人，生于明嘉靖四十五年（1566），万历四十七年（1619）进士，授新会令。考选入京时，适黄尊素劾逆珰，宪祖以尊素姻家，左迁大理评事，转工部主事。逆珰建祠，适在同巷，宪祖徙寓而去，逆珰闻之，大怒，削其籍，遂归。崇祯元年（1628），起为南荆部郎，出守顺庆。乱离道梗，入觐者失期，冢宰诃问，宪祖从容为小吏申理，冢宰默然。升湖广副使，备兵辰沅。后转四川参政，广西按察使，皆未仕。宪祖与同邑孙矿，以古文辞相期许，尤工于词曲，清黄宗羲之《叶公改葬墓志铭》云："生平至处在填词，一时玉茗、太一，人所脍炙，而粉筐黛器，高张绝弦，其佳者亦是搜牢元人成句。公古澹本色，街谈巷语，亦化神奇，得元人之髓。吴石渠、袁令昭，皆词家巨手，令昭则檞园弟子也。花晨月夕，征歌按拍，即令伶人习之，刻日呈技。"于崇祯十四年（1641）八月六日卒于乡，年七十六岁。其传奇作品，流传于世者有《鸾鎞记》《金锁记》二种，仅存名目者，有《玉麟记》《双卿记》《双修记》《宝铃记》四种，失名待考者一种及杂剧合集《四艳记》一种，另有杂剧二十四种。

叶　俸 字、号不详，籍里及生平事迹亦不可考，所作传奇有《钗书记》一种，未见传世。

叶碧川 字、号不详，籍里及生平事迹均不可考，所制传奇有《瓦盆记》《征蛮记》两种，惜亦未见。

叶泰华　字、号均不详，籍里及生平事迹，均皆不可考，与吴怀绿合作传奇《金杯记》一种，未见传世。

冯之可　字易亭，江西彭泽人，或作冯时可，非是。生平事迹不详，所作传奇有《护龙记》《姻缘记》两种，未见传世。

冯延年　字、号不详，籍里及生平事迹亦不可考，所制传奇有《南楼梦》一种，未见传世。

端　鏊　字平川，籍里及生平事迹皆不可考，传奇作品有《㷉廖记》一种，未传于世。

硕　园　姓名、字、籍里不详，生平事迹亦不可考，传奇作品，唯知改订前人者有《还魂记》一种，尚传于世。

董应翰　字、号、籍里不详，生平事迹亦不可考，传奇作品，仅知有《易鞋记》一种，尚存于世。

邹玉卿　字昆圃，江苏长洲人，生平事迹今无可考，传奇作品有《双螭璧》及《青虹啸》两种，皆传于世。

邹逢时　字海门，一作胜门，浙江余姚人，一作江苏溧阳人，生平事迹不详，吕天成《曲品》称其"以野客而习声歌"。所制传奇有

《觅莲记》一种，未见传世。

闻　王　字、号不详，籍里及生平事迹均不可考，所制传奇有《诗会记》一种，未传于世。

蒲俊卿　字不详，别署江右散人，疑是江西人，生平事迹已不可考，传奇作品有《云台记》一种，尚传于世。

赵于礼　字心云，一作心武，浙江上虞人，生平事迹不详，吕天成《曲品》称其人"以宿儒而游翰愚"。传奇作品有《溉园记》（一作《灌园记》）及《画莺记》两种，皆已散佚，仅在《群英类选》《缀白裘合选》八能奏锦及《万曲止春》中，残存其曲文而已。

赵蔄如　字、号不详，籍里及生平事迹今不可考，所存传奇有《忠孝记》一种，未见传世。

苍岩子　姓名、字、号、籍里今俱不详，生平事迹亦不可考，所作传奇有《龙珠串》一种，未传于世。

郑汝耿　字、号不详，籍里及生平事迹今不可考，仅知为明嘉靖以前时人，所制传奇有《剔目记》一种，未见传世。

郑之珍　字高石，别署高石山人，安徽新安人，诸生，屡困场室，而游心于方外，自负文武才，喜谈诗，廉习吴歈。所制传奇，仅有《劝善记》一种，尚传于世。

郑若庸 字中伯，一作仲伯，号虚舟山人，江苏昆山人，或谓苏州人。年十六为诸生，三试皆首，连入棘闱不售，隐支硎山，殚精古文词，赵康王闻其名，三聘乃起，礼以上宾，邺人征属文者无虚日。学士程敏政延至都，严嵩父子闻其至，请见，不往。又以镪币招之，幡然辞行。仍如邺，采掇古文奇事累千卷，为赵康王著书，名曰《类隽》。康王死，去赵居清源，年十八余卒。生平著述宏富，有《蛣蜣集》《北游漫稿》《市隐园文纪》《郑虚舟尺牍》《唐类函》等。所制传奇，传世者仅《玉玦记》一种，存目者有《大节记》一种，存疑者有《珠球记》一种。吕天成《曲目》尝许其作品曰："典雅工丽，可咏可歌，开后人骈绮之旅。"

郑之文 字应尼，一字豹先，号豹卿，江西南城人，明万历三十八年（1610）进士，授南京工部主事，历郎中，出为真定知府。著有《远山堂集》《锦砚斋集》。传奇作品：现存于世者有《旗亭记》一种，仅存名目者有《白练裙》《芍药记》两种，吕天成《曲品》尝称其人"月露才华，风流雅格；少陵蜚英于粉署，摩诘标题于京曹。以其一片烈肠，雅负千秋侠骨"，云云。

郑国轩 字，号不详，浙江人，生平事迹，亦不可考，传奇作品，现在于世者有《白蛇记》一种，仅存名目者有《牡丹记》一种。

郑元禧 字,号不详,籍里及生平事迹均无可考,所作传奇有《底豫记》一种,未传于世。

谢　谠 字献峻,一作献忠,号海门,浙江上虞人。治《诗经》,嘉靖二十三年(1544)进士。据《万历历志》《泰兴县志》及《上虞县志》卷一〇,知其曾为泰兴县令。泰兴,维扬严邑也,宰其者,多不得善去。谠筑来鹤亭,建柴墟公馆,乐与贤大夫游。未及考亦墨归家,傍盖湖,筑白鹤庄于荷叶山中,朝夕唯读书、著述、吟咏为事。间为乐府,含杯自放,不入城市者二十余年。不问人生产,以故家中落,至卒不能成殓,知者以为有托而逃云,吕天成《曲品》称其人为"高旷之吏"。戏曲作品,仅知有传奇《四喜记》一种,尚存于世;其小令歌曲,尤擅词林。生平著述尚有《海门集》《古虞集》《草言》。生于明正德七年(1512),卒年不详。

谢天祐 作天佑,又作谢天瑞,字思山,号敬所,浙江杭州人,或谓河南人;生平事迹,今不可考。所制传奇,仅存散出者有《狐裘记》一种;未传于世者有《靖房记》《剑丹记》《宝钗记》《分钗记》《忠烈记》《麦舟记》《泣庭记》《覆鹿记》八种,增订前人者有刘智远《白兔记》一种。

谢廷谅 字九紫,生平事迹不详,仅知为湖广人,吕天成《曲品》谓其人"以郎署而赋薄游"。传奇作品三种,其《纨扇记》一种散失，另《离魂记》《诗囊》二种未传。

谢　慧　字、号不详，籍里及生平事迹亦不可考，所制传奇有《玉蝶记》及《鸳鸯记》两种，皆未传于世。

谢　恩　字、号不详，籍里及生平事迹亦不可考，所制传奇有《御带记》一种，未有传世。

谢　国　字弘仪，一作弘义，又字简之，号寤云，别署镜湖钓碣，浙江绍兴人，陆梦龙谓："谢大将军寤云，大魁天下，扬历南北，多所建树，以韬钤之余洒词翰，以词翰之余度为梨园法曲，亲教习而试之。"所制传奇仅知有《蝴蝶梦》一种，尚传于世。

卢鹤江　号逸篯，名不详；江苏无锡人。鹤江，一作雀江，非是。生平事迹不详，所作传奇有《禁烟记》一种，未传于世。

刘还初　别署天放道人，名及籍里皆不详，生平事迹亦不可考，所制传奇有《李丹记》一种，幸存于世。

刘蓝生　字、号不详，籍里及生平事迹均不可考，传奇作品有《双忠孝》及《半塘会》两种，未见传世。

钱直之　字海屋，浙江会稽人，或作钱塘人，生平事迹不详，吕天成《曲品》称其为"博雅宿儒"。传奇作品有《忠节记》一种，亦未传世。

穆成章 字、号不详，籍里及生平事迹亦不可考，传奇作品有《请剑记》《双镜记》《双星记》三种，皆未传于世。

臧懋循 字晋叔，号顾渚，浙江乌程人，明万历八年（1580）进士，官南京国子监博士。博闻强识，畋渔百民。官南中时，与诸名流览六朝遗迹，命题分赋，或至丙夜，忌者以狎项四郎事及沉湎声色中之，遂罢归，与茂孝若、吴家瞪、吴梦阳，并称四才子。著述有《负苞堂集》《古诗所》《唐诗所》等。诗文外尤工戏曲，精于音律，尝改订明汤显祖玉茗堂原作《还魂记》《紫钗记》《南柯记》及《邯郸记》四种曲，至今传世。又编校元人及明初杂剧一百种，辑刊为《元曲选》一书（别题：《元人百种曲》）虽于原著颇多删订正，致有失原剧面目，然能保存丰富重要之元代杂剧，盛传至今，其功实不可没也。

樵 风 亦署樵风主人，姓名、籍里不详，生平事迹今不可考，传奇作品有《放蛟记》及《蟠龙记》两种，均未传世。

汉上公 姓名、字、号、籍里俱已不详，生平事迹亦不可考，所作传奇有《脱颖记》一种，未传于世。

蒋麟征 字西宿，一字瑞书，浙江乌程人，一作江苏长洲人，生平事迹不详，所作传奇有《白玉楼》一种，未传于世。

蒋　易 字子久，一云字前民，江苏江都人，生平事迹不详，所制传奇有《遗扇记》一种，未见传世。

蒋　鼎 字子蓉，广东番禺（今广东广州市番禺区）人，生平事迹不详，所制传奇有《赤林记》一种，未传于世。

蒋世纪 字、号不详、籍里及生平事迹亦不可考，所制传奇作品有《雪涛记》一种，未见传世。

龙　膺 字朱陵，一字君善，又字君御，别署洞口渔郎，湖南常德人，万历八年（1580）进士，除徽州推官，谪温州教授，历国子博士，迁礼部主事，后谪两淮监运判官，迁巩昌（今甘肃陇西县）通判，历同知，迁南户部员外，历郎中，出为山西佥事，历陕西参政，拜南太常卿，至副都御史，清廉放达，才名冠一时。官徽州时，入汪道昆欲中社，以交王世贞，晚与袁宏道善，其诗锻炼精严，不与表近，而才气横溢，颇似屠隆一派。其兄龙襄尝为选定所作诗赋，为《九芝集选》。又著《太元洞稿》《渔仙杂著》《湟中诗》《论澴集》。所制传奇有《蓝桥记》及《金门记》两种，均未见传。吕天成《曲品》评其人曰"佛根无染、仙骨不羁，文渊著续于烽烟，长源陶情于签轴。雅韵炊金馔玉，新裁绣口锦心"云云。

龙渠翁 名、字不详，安徽安庆人，生平事迹亦不可考，所制传奇有《蓝田记》一种，已散失。

龙门山人 姓名、字、号、籍里，今俱不详，生平事迹更无可考，传奇作品有《长铗记》一种，未见传世。

磊道人 姓名、字、号、籍里，今皆不详，生平事迹亦无可考，仅知其为明末时人，传奇作品唯知有《撮盒圆》一种，《曲海总目提要》以为系与癯先生所合作者，但未见传。

暨廷熙 字、号不详，籍里及生平事迹皆无可考，所制传奇有《绣衣记》一种，今已散失。

锦窝老人 姓名、字、籍里，均不详，生平事迹今已无考，或云乃朱有燉别号，未知确否，不敢遽信。所制传奇有《升仙记》一种，尚存于世。

寰宇显圣公 姓名、籍里不详，生平事迹亦无可考，所制传奇有《麒麟记》一种，尚传于世。

隐　求 姓名、籍里，均已不详，生平事迹更无可考，所制传奇有《灌城记》一种，亦未传世。

戴应鳌 字、号不详,籍里及生平事迹均不可考,所制传奇有《钿盒记》一种,未传于世。

戴子晋 字金蟾,浙江永嘉人,生平事迹不详,吕天成《曲品》称其人:"绰有雅致,宫韵独谙。"传奇作品有《青莲记》《鞿鞴记》两种,均已散失。

戴之龙 字、号不详,籍里及生平事迹亦不可考,所制传奇有《玉蝶记》一种,未见传世。

鲁怀德 字、号不详,籍里及生平事迹俱无可考,所作传奇有《藏珠记》一种,已散失。

潘□□ 名、字、别号、籍里,俱已不详,生平事迹亦无可考,传奇作品有《跃剑记》一种,亦未流传。

潘□□ 名、字、别号、籍里均已不详,生平事迹今亦无考,所制传奇有《华盖记》一种,未见传世。按潘氏与上文著录《跃剑记》作者"潘□□",疑为一人,然尚无确据,姑志于此。

澹慧居士 姓名、字、号不详,籍里及生平事迹俱不可考,传奇作品有《凤求凰》一种,尚传于世。

薛近兖 字、号、籍里均不详，生平事迹亦无可考，传奇作品，仅知有《绣襦记》一种，幸存于世。

韩上桂 字孟郁，号天游子，广东广州人，万历二十二年（1594）举人，官至建宁同知，崇祯甲申卒，著有《朵云山房文稿》十二卷，传奇作品有《凌云记》一种，未见传世。

韩　畺 韩参夫次子，字经正，号石耕，别属天樵山人，大行（在今江苏南京市）人，寓于湖州；独身不娶，狂放避世，善琴，著有《天樵子集》。传奇有《白虹记》一种，惜今不传。另有《孝烈记》《贞□记》《绣围记》三种，并见于传奇《汇考标目乙本》，亦无传本。

苏复之 名、号、籍里均不详，生平事迹今已无考，传奇作品，有《金印记》一种，尚传于世。

苏元俊 字汉英，别署不二道人，籍里不详，生平事迹尚待考察，所制传奇有《梦境记》一种，幸传于世。

琼飞仙侣 姓名不详，籍里及生平事迹亦无从查考，可能为明万历时人，仅知有传奇《风月亭》一种，惜已散失。

瀫南子 姓名、字、号、籍里，均已不详，生平事迹，无从稽考，传奇作品有《鸾绦记》一种，未见传世。

鹏鹍居士　姓名、字、号、籍里俱已不详，生平事迹亦不可考，所作传奇有《过眼浮云》一种，未见流传。

顾大典　字道行，一字衡宇，江苏吴江人。祖昺，字仲光，正德十二年（1517）进士，授将乐知县，民为立碑表德，官至汝宁知府。大典少孤，依母家周氏读书，聪慧异常，过目成诵；少年登弟，以明隆庆二年（1568）成进士，授山阴（绍兴县）教谕，历处州推官，迁南京吏部郎中，出为山东佥事，又改迁福建提学副使，请托一无所徇，忌者追论其为郎中时放于诗酒，坐谪禹州知府，遂自免归。再起开州，不就。工诗文，善书画，家有谐赏园、清音阁，池台清旷，宾从觞咏不辍。妙解音律，自按红牙度曲。所蓄家乐，皆自教之。戏曲家王骥德常过访论词，亦倾倒弗辍。归后七八年而卒。著有《清音阁集》《海岱吟》《闽游草》《园居稿》。所制传奇，现传世者有《青衫记》一种，仅存散出者有《葛衣记》一种，全佚存目者有《义乳记》《风教编》两种，总名《清音阁传奇四种》。所作散曲，见许宇之《词林逸响》。

顾允默　字茂仁，一作懋仁，又字希雍，江苏昆山人，顾梦圭长子，顾懋宏兄。幼习家学，为文章多根抵理要，宏瞻该博，为一时学者所推重。淫沉诸生间，恂谨如处子。耻谈先世功阀，遇游冶贵介，辄障其不与通。至中岁，始游成均，好读书，不问生产，晚年病噎垂死，闻子悛及第，索笔赋诗而瞑。吕天成《曲品》谓其兄弟二人："盖文士而抱坎壈之悲，书生而具英雄之概者。"所制传奇，有《五鼎记》一种，惜已散失。仅在《群英类选》中，残存其曲文。《昆新两县续修合志》卷三十，有其记载。

顾懋宏 字靖甫，又字仲雍，号蓉山；原名允焘，字懋俭，一作茂俭。江苏昆山人，顾允默弟，诸生。授新安教谕，迁国子学录。后出守莒州，奉职循理，无吏议，终非其好。久之，自劾免。著有《炳烛轩诗集》《南雍草》。传奇作品有《椒觞记》一种，未传于世。

顾觉宇 字、号、籍里不详，生平事迹今无可考，仅知其为明中叶是梨园中人，所制传奇《织锦记》一种，仅存散出；改订他人作品，有《跃鲤记》《绨袍记》两种，亦已失传。

顾　瑾 字怀琳，号鹿阳外史（据焦木氏《六十种曲撰人考》），江苏华亭（松江）人，一云浙江杭州人。生平事迹不详，所作传奇有《佩斗记》一种，未见传世。

顾　苓 字云美，江苏吴县人，著有《塔影园集》，传奇作品有《宿香亭》一种，未见传世。

觉非子 姓名、字、号、籍里今已不详，无从探索。传奇作品，唯知有《增寿记》一种，亦未传世。

铁桥生　姓名、字、号、籍里今皆不详，生平事迹已无可考，传奇作品有《花石纲》一种，亦未见传世。

朤道人　姓名、字、号、籍里俱不详，生平事迹更无可考，传奇作品有《布袋锦》一种，亦未传世。

癯先生　姓名、字、号、籍里今皆不详，生平事迹亦无可考，仅知其为明末时人，传奇作品，唯知有《撮盒圆》一种，《曲海总目提要》谓系与磊道人所合作者，但未见流传。

第四章　明代的戏剧资料

关于明代的戏剧资料，笔者在美国哈佛大学燕京学社的资助下，曾编纂了一本《中国戏曲总目汇编》，其中便搜录了不少与此有关的书目，同时傅惜华的《元代杂剧全目》《明代杂剧全目》，以及《明代传奇全目》三书，在后面都附有"引用书籍题解"，更值得我们参考。兹根据以上各书，并采择最近出版的资料，辑录如下：

一、古名家杂剧（明陈与郊编）

《古名家杂剧》，凡八集，共收元明杂剧四十种；《新续古名家杂剧》（五集），收元明杂剧二十种，著录于汇刻书目，并标曰"明玉阳仙史编刊"。按玉阳仙史，是明人陈与郊的别号，故世人皆以为此集是陈氏所编刊者。北京图书馆残存《古名家杂剧》五种，及《新续古名家杂剧》的残本八种。后来由于也是园旧藏脉望馆抄校本元明杂剧的发现，又于其中获得了《古名家杂剧》残本五十三种，亦为北京图书馆所有。在此脉望馆抄校本中，其《女状元》一剧的卷尾，有牌记云："万历戊子（十六年，1588）夏五西山樵者校正，龙峰徐氏梓行。"便可考见此集的刊刻年代，是在明万历十六年的夏天；至于龙峰徐氏，不得而知，大概为书林中人。

二、元明杂剧（明无名氏编）

《元明杂剧》一书，不知何人所编，原书为钱塘丁氏八千卷楼旧藏，由南京国学图书馆辑印，共收元明杂剧二十七种，版式、行款，殊不一致，盖其中的十八种，乃《古名家杂剧》的残本，其余九种，虽然也是明代万历间刻本，但不知出处于何书。原书没有总题，民国十八年（1929）南京国学图书馆影印此书时，始据八千卷楼书目所著录而成，标曰"元明杂剧"，卷末有柳诒徵的跋。

三、古今杂剧选（明息机子编）

《古今杂剧选》，有明万历二十六年（1598）的刻本。卷首有万历二十六年息机子的自序，但息机子为何人，今不可考。原本选刊元人及明初杂剧，共三十种，北京图书馆藏有此书残帙，已散佚五种，仅存二十五种。也是园旧藏万历间脉望馆校本，唯存十五种，现亦全归北京图书馆所有。

四、阳春奏（尊生馆主人编）

《阳春奏》的编者尊生馆主人，即黄正位，曾刻有《琵琶记传奇》。《阳春奏》有明万历三十七年（1609）的刻本。原书所收元明杂剧，共三十九种。卷首有万历三十七年于若瀛的序，次载尊生馆主人的凡例。北京图书馆藏有此书的残本三种。

五、童云野刻杂剧（明童云野辑刻）

明代童云野所辑刻的杂剧，其中选刊元明间的作品，共三十种。原书始刻于明代万历中叶以后，但至今未见流传，仅有目录，载于日本松泽老泉所编的《汇刻书目外集》及罗振玉的《续汇刻书目》癸册中。

六、元曲选（明臧懋循编）

此书虽名《元曲选》，但实际上是选刻元代及明初的杂剧一百种，故别题《元人百种曲》，有明万历四十四年（1616）雕虫馆的刻本，为臧懋循（晋叔）所编。卷首有万历四十四年臧氏的序文两篇，并附载元人陶久成、燕南芝庵、周挺斋、赵子昂、丹丘先生、涵虚子诸家论曲的文字，及《涵虚子杂剧目》等，内容非常丰富，很值得我们参考。此选流传甚广，除原刊本外，尚有民国七年（1918）上海商务印书馆影印原刻本、民国上海中国书局仿宋排印四部备要所收本、民国二十五年（1936）上海世界局仿宋排印本等。

七、柳枝集（明孟称舜编）

《柳枝集》，为明孟称舜所编刊，有崇祯六年（1633）的刻本，北京图书馆及上海市图书馆都有收藏，共选元明杂剧二十六种，原题

《新镌古今名剧柳枝集》，与下面的《酹江集》，总题为《古今名剧合选》，卷首附刊元钟嗣成的《录鬼簿》。

八、酹江集（明孟称舜编）

《酹江集》，原题《新镌古今名剧酹江集》，与上面的《柳枝集》总称为《古今名剧合选》。不分卷，共选刊元明杂剧三十种，北京图书馆及上海市图书馆均有藏本。

九、今乐府选（清姚燮编）

清人姚燮所编刊的《今乐府选》，共辑录元明以来的杂剧传奇数百种，计五百卷（一说仅成一百九十余卷），但原书尚未刊行，仅有底本存世，为镇海李氏所藏。

十、古今名剧选（近人吴梅编）

近人吴梅所编《古今名剧选》，原为北京大学文科的戏曲讲义，有民国八年（1919）北大出版部排印本。据卷首总目所载，此集共选元、明、清三代的杂剧三十九种，散套一种，惜仅出版至卷三而止，故只有元明杂剧十五种而已。在每一种杂剧后，都附有吴氏的跋文，足资参览。

十一、孤本元明杂剧（近人王季烈编校）

《孤本元明杂剧》，为近人王季烈所编校，有民国三十年（1941）上海涵芬楼排印本。本书是从也是园旧藏脉望馆抄校本元明杂剧中，采录罕见流传的珍本一百四十四种校印而成。在卷首附有王季烈的序言，校例和提要一卷，使读者方便不少。

十二、盛世新声（明无名氏编）

《盛世新声》，共有十二卷，为明代正德（武宗）间的无名氏所编，并附有《万花集》二卷，为选录元明两代散曲和戏曲最丰富的总集。现存版本有：明正德间戴贤校正本、明正德十二年（1517）序刻本、明嘉靖间刻本（题张禄辑）、明万历二十四年（1596）内府刻本（题为《重刊盛世词调》）。1955年北京文学古籍刊行社据正德十二年刊本影印本。

十三、词林摘艳（明张禄辑）

《词林摘艳》，凡十卷，系由明张禄据《盛世新声》增订而成者，其中所收元明两代的戏曲，尤为丰富。现存版本有：明嘉靖四年（1525）原刻本、明嘉靖十八年（1539）重刊增益本、明嘉靖三十年（1551）徽藩重刻本、明万历二十五年（1597）内府重刻本、民国二十二年（1933）石印嘉靖重刊增益本、1955年北京文学古籍刊行社据明嘉靖四年（乙酉）刊本影印本。

十四、雍熙乐府（明郭勋编）

《雍熙乐府》，凡二十卷，为郭勋所编；明代的戏曲选集，除《盛世新声》和《词林摘艳》外，当以此书最为重要。现存版本有：明嘉靖四十五年（1566）原刻本、近人张元济等辑民国二十二年

（1933）上海商务印书馆出版《四部丛刊续编》所收影印嘉靖原本。

十五、万壑清音（明止云居士编）

《万壑清音》，凡八卷，为明止云居士编，白雪山人校，有明天启四年（1624）刻本，及日本京都大学人文科学研究所藏手抄本，其中所收元明杂剧传奇三十七种，共六十八折，皆以调为主，颇多罕见流传之作。卷首有止云居士自序，及十二楼居主人、听濑道人二序。

十六、太和正音谱（明朱权撰）

《太和正音谱》，为明宁献王王朱权撰，卷首有洪武三十一年（1398）作者的自序。凡二卷，上卷论曲，包括乐府体式、古今英贤乐府格势、杂剧十二科、群英所编杂剧、善歌之士、音律宫调、词林须知等项。其中乐府格势一项，评骘元明曲家作品风格，及群英所编杂剧，著录元明杂剧作品目录，足资参考。至于下卷，全是曲谱，分别宫调，详载谱式，为现存最古老的北曲谱，至属重要。现存版本有：影抄明洪武间刻本，为钱塘丁氏善本书室藏。近人孙毓修等辑，民国十五年（1526）上海商务印书馆出版《涵芬楼秘笈》第九集所收影印本、民国十五年海宁陈氏影印本、明末黛玉轩重刻本，书名改为《北雅》。1959年北京中国戏曲研究院主编《中国古典戏曲论著集成》第三集所收排印本。

十七、九宫大成南北词宫谱（清周祥钰等编）

《九宫大成南北词宫谱》，为清周祥钰、邹金生、徐兴华、王文禄等编，凡八十二卷，乃南戏北剧中最丰富的曲谱，加以牌调完备，并注宫谱，为制曲、谱曲者的重要典籍。此书现存版本有：清乾隆间内府原刻本，民国十二年（1923）上海古书流通处影印原刻本。

十八、纳书楹曲谱（清叶堂编）

《纳书楹曲谱》，为清叶堂编，凡十四卷，计有正集四卷、续集四卷、外集二卷，补遗四卷；有乾隆五十七至五十九年（1792—1794）纳书楹原刻本流行于世，为昆曲曲谱最重要的选集。

十九、录鬼簿续编（明贾仲名撰）

《录鬼簿续编》，传为明贾仲名撰，全书著录元末明初戏剧作家及其作品，并载小传，为元钟嗣成《录鬼簿》之续作。书仅一卷，附于天一阁抄本《录鬼簿》后，并没有序跋。此书除天一阁抄本外，流传版本有：民国二十年（1931）北京大学出版部影印郑振铎等手抄天一阁本、民国二十五年（1936）马廉校注本，载于《北平图书馆馆刊》第十卷内，1957年北京文学古籍刊行社《录鬼簿》新校注本，1957年上海古典文学出版社《录鬼簿（外四种）》本。

二十、曲品（明吕天成撰）

《曲品》，明吕天成撰，凡二卷，卷首有万历三十八年（1610）

吕天成自序。上卷品论明代中叶以前的戏曲作家及作品，分为神品、妙品、能品、具品四种；此分论明代中叶以后戏曲作家作品，为上中下九等。下卷则就以上各家及姓名不可考者之作品，依上卷所列次序而详为评论，为今日研究明代戏曲作品最重要的资料。流行版本有：清宣统二年（1910）刘世珩校辑暖红室汇刻传剧所修本，民国七年（1918）北京大学出版部排印本，为吴梅据暖红室汇刻传剧本校、民国十年（1921）上海古书流通处辑印《曲苑》所收本。民国十一年（1922）上海六艺书局辑印增补《曲苑》所收本、民国十四年（1925）陈乃乾辑印重订曲苑所收本。按此书除暖红室汇刻传剧本及吴梅校本外，均把清人高奕的新传奇中《古人传奇总目》羼入，至于中卷而误分为三卷。

二十一、远山堂剧品（明祁彪佳撰）

《远山堂剧品》，为明祁彪佳撰，原本不分卷，共著录明人杂剧二百四十二种，分为妙品（二十四种）、雅品（九十种）、逸品（二十八种）、艳品（九种）、能品（五十二种）、具品（三十九种）六等。又其中包括几种元人及元明间无名氏的杂剧数种，尤多未见著录之本。全目尽为山阴祁氏澹生堂藏戏曲。此书于著录杂剧名目、作家名氏及评骘之语外，间或涉及剧中本事，实为研究明戏曲的重要文献。原书有北京图书馆所载明蓝格抄本。近人黄裳氏曾加以校注，与《远山堂曲品》（见下）合刊，题为《远山堂明曲品剧品校录》，重印行世，于1955年由上海出版公司出版。另有《中国古典戏曲论著集成》第六集所收本。

二十二、远山堂曲品（明祁彪佳撰）

《远山堂曲品》，明代祁彪佳撰，全书不分卷，所著录名人传奇，分为逸品、艳品、能品、具品、杂调各项，共收四百三十五种。另有雅品残文三十一种。其体例与《远山堂剧品》全同。北京图书馆藏有明蓝格抄本、明启元社黑格抄本、《西厢记》与《白蛇传》附录本。又1955年上海出版公司出版黄裳校注本，题曰《远山堂明曲品明剧品校录》。另有《中国古典戏曲》第六集所收本。

二十三、曲海目（清黄文旸撰）

《曲海目》，为清黄文旸撰，共著录元明以来，至清代乾隆以前之杂剧、传奇名目，约千余种；原载于清乾隆时所刻李斗《扬州书舫录》卷五。其后，在同治年间，管廷芬复重订此目，收于《销夏录》；录旧五种；民国十九年（1930）《国立北平图书馆月刊》第四卷第五期，复印此目，题为《重订曲海总目》。《中国古典戏曲论著集成》第七集所收本，系根据《销夏录》旧本照片排印者。

二十四、传奇汇考（清无名氏撰）

《传奇汇考》，清无名氏撰，卷数不详。此书以元明清传奇提要为主，间或收录一部分杂剧作品。原书未见刊行，今仅有旧抄残本散见世间；所见较足之本，为台湾大学及日本京都帝国大学所藏者，卷首并附载《传奇汇考标目》一卷，其中所著录，多以传奇汇考不合，有民国三年（1914）上海古今书室之石印本，共八卷，亦系残帙。

另《中国古典戏曲论著集成》第七集所收本,并附有校勘记,足资参考。

二十五、曲海总目提要(清无名氏撰)

《曲海总目提要》,清无名氏撰,为近人王国维、董康、吴梅、孟森、陈乃乾等所重订。此书系取清人传奇汇考及乐府考略的残本校辑而成,共有四十六卷,收录元明清杂剧和传奇提要六百八十四篇。现有民国十七年(1928)上海大东书局排印本及民国十九年(1930)再版排印本,又有1958年北京人民文学出版社根据大东书局本重新排印本,书末页附有索引。

二十六、曲海总目提要补篇(近人杜颖陶编)

《曲海总目提要补篇》,为近人杜颖陶编,初名《曲海总目提要拾遗》,刊载于民国二十五年(1936)《剧学月刊》第五卷,最近编者后略为增订,并加笺注,改题今名,编者之名也改为"北婴编著",有1959年北京人明出版社排印本。

二十七、今乐考证(清姚燮撰)

《今乐考证》,清姚燮撰,共十二卷,卷首载"戏剧缘起",是从前人书中有关戏曲史料撮拾而来,次著录宋代杂剧及金代院本名目;卷一至卷十,著录元、明、清三代杂剧传奇二千零六十六种,并附作者小传。此书现流行之版本,有民国二十五年(1936)北京大学出版部影印稿本,原稿即藏北京大学图书馆。近有《中国古典戏曲论著集成》第十集所收本，也是据北大所藏原稿排印者。

二十八、曲录（近人王国维撰）

《曲录》，近人王国维撰，凡六卷，卷首有清宣统元年（1909）王国维自序。卷一著录宋金杂剧院本目录，共九百八十六种；卷二至卷五，著录元明清戏剧传奇名目，共一千九百七十一种；卷六著录戏曲总集、小令套数、曲谱、曲韵、曲目等，共一百零一种。所有作家，各系小传。此书流传版有：清宣统元年沈宗畸辑刻晨风阁丛书所收本、民国十年（1921）上海古书流通处辑印《曲苑》所收本、民国十一年（1922）上海六艺书局辑印增补《曲苑》所收本、民国十四年（1925）陈乃乾辑印重订曲苑所收本、民国十七年（1928）海宁王氏辑印《王忠悫公遗书》第四集所收本。

二十九、孤本元明杂剧提要（近人王季烈撰）

《孤本元明杂剧提要》，近人王季烈撰，共收元明杂剧提要一百四十四种，皆为也是园旧藏脉望馆校本之戏曲；原附载于涵芬楼排印本《孤本元明杂剧》卷首。民国三十年（1941）上海商务印书馆印单行本传世。

三十、百川书志（明高儒撰）

《百川书志》，凡二十卷，为明高儒撰。其卷六"史志三"外史类，所收尽为元明杂剧及传奇。但高氏原藏，今已散佚，幸存此目，民国四年（1915）叶德辉校辑《观古堂书目丛刻》，即收此目。

三十一、宝文堂书目（明晁瑮撰）

《宝文堂书目》，明晁瑮撰，凡三卷，其中卷"乐府类"，即包括其所藏杂剧、传奇、散曲、戏曲选集等类，颇多珍秘罕见之本，为明代藏书目中所仅见者，但惜早已散佚。北京图书馆藏有明代抄本，民国十八年（1929）又在《国立北平图书馆月刊》第三卷中刊出。

三十二、徐氏家藏书目（明徐火勃撰）

《徐氏家藏书目》，明徐火勃撰。凡一卷，其中"传奇类"所收元明杂剧传奇，颇多珍本，可资参考，但惜久已散佚。北京图书馆藏有旧抄本，曾在民国十八年（1929）《国立北平图书馆月刊》第三、四两卷中，连载此目。

三十三、也是园书目（清钱曾撰）

《也是园书目》，清钱曾撰，凡十卷，卷末皆收载其所庋藏戏曲小说书籍，尤以"古今杂剧"类所收之元明杂剧，原为明代戏曲收藏家赵琦美脉望馆抄校珍籍，尤属重要。此目仅有清宣统二年（1910）罗振玉校刻《玉简斋丛书》第二集所收本。

三十四、也是园藏书古今杂剧目录（清黄丕烈撰）

《也是园藏书古今杂剧目录》，清黄丕烈撰，原是明赵琦美所搜集抄校的一批戏曲，后归钱曾也是园，继又几经易主，辗转为黄丕烈所有。此批戏曲之残存部分，已入藏于北京图书馆，并已影印收入《古本戏曲丛刊》第四集。另外有排印本孤本元明杂剧，则又是选印了其中一部分。赵琦美藏书有《脉望馆书目》传世，但不见有此目，至也是园收藏时期，曾编有目录，即前述也是园藏书目。

三十五、八千卷楼书目（清丁丙撰）

《八千卷楼书目》，清丁丙撰，凡二十卷。其卷二十集部"词曲类"，所收元、明、清三代戏曲，亦多善本珍籍。清宣统间，丁氏所藏，全归江南国学图书馆（江苏省立书馆）。民国十二年（1923），钱塘丁氏，又取此书目，排印出版，流传于世。

三十六、盛明杂剧（明沈泰编）

《盛明杂剧》，明沈泰编，共收名人杂剧三十种，为明代杂剧作品之最丰富而且最重要之总集。卷首载程羽文序，沈泰识凡例三则，有崇祯二年（1629）刻本；另有近人董康诵芬室覆刻本，及民国十九年（1930）上海中国书店影石印本。

三十七、盛明杂剧二集（明沈泰编）

《盛明杂剧二集》，明沈泰编，系《盛明杂剧》的续集，计选刊名人杂剧二十八种，清初作品两种，共有三十种。卷首有袁于令的序文，为崇祯间刻本。又有近人董康诵芬室覆刻本。

三十八、名剧汇（明祁理孙编）

《名剧汇》，为明祁理孙编，乃祁氏读书楼汇辑所藏元明杂剧的若干单帙簿册合订而成，凡七十二本，共收杂剧作品二百七十种。此编子目，详载《祁氏读书楼书目》及《鸣野山房书目》，至原书或已不存。

三十九、暖红室汇刻传剧（近人刘世珩编）

《暖红室汇刻传剧》，计收元明清杂剧传奇三十种，附录十四种，附刊六种，别行一种，共五十一种，有清宣统间至民国十二年（1923）贵池刘氏暖红室刻本，其覆刻时所用之底本，多为明清善本，为人所珍惜。

四十、奢摩他室曲丛第二集（近人吴梅编）

《奢摩他室曲丛》第二集，近人吴梅编，计收明人杂剧二十四种（诚斋乐府），明人传奇五种，共二十九种。每种作品皆有吴氏跋文。有民国十七年（1928）上海商务印书馆排印本。

四十一、群音类选（明胡文焕编）

《群音类选》，明胡文焕编。所选录元明南戏、北剧、诸腔之杂剧传奇作品，颇为丰富，且多罕见流传旧本，实为戏曲选集之冠。此书原为明万历间文会堂所辑刻格致丛书之一种，现传于世者有二十六卷，实非是本，但全部卷数究竟有多少，则不得而知。

四十二、缀白裘（清钱德苍编）

《缀白裘》，清钱德苍编，其所收元、明、清三代之戏曲作品，极为丰富，曲文及宾白俱备，皆为清乾隆时代戏场中最为流行之剧目。此编版本种类各有不同，有木刻，有石印，有铅印，流传亦广，其最重要者为：乾隆二十九年至三十二年（1764—1767）金阊宝仁堂原刻初印本、乾隆三十四年（1769）金阊宝仁堂重刊合印本、乾隆四十六年（1781）集古堂刻本、乾隆五十二年（1787）增利堂刻本。

四十三、遏云阁曲谱（清王锡纯编）

《遏云阁曲谱》，清王锡纯编，不分卷，有宣统年间排印本，共选录当时传唱之明代戏曲作品八十七出，曲文宾白，宫谱节拍俱备。后上海箸易堂曾重印多次，故流传颇广。

四十四、六也曲谱（近人张芬编）

《六也曲谱》，近人张芬编。有清光绪三十四年（1908）苏州振兴书社石印初集本，仅收明清传奇三十四出，曾风行一时。至民国十一年（1922），编者又重新增为四集，多为清代剧场盛传之剧，共有二百零四出之多。

四十五、昆曲大全（近人张芬编）

《昆曲大全》，近人张芬编，凡四集，每集六册，共二十四册，有民国十四年（1925）上海世界书局石印本。其中所收各剧，与《六也曲谱》全不同，且颇多稀见流传之本，加以宫调谱式及节拍等俱备，对于舞台实用演出，至为方便。

四十六、集成曲谱（近人王季烈、刘富樑编）

《集成曲谱》，为近人王季烈与刘富樑所合编，凡五集，共收元、明、清三代之昆曲演出实用本，有四百十六出之多，为昆曲谱选集数量最为丰富者，有民国十四年（1925）上海商务印书馆石印本。此书对宫谱曲牌特加考订，宾白锣段，亦详细载入，为研究度曲及谱曲者之要籍。

四十七、与众曲谱（近人王季烈编）

《与众曲谱》，近人王季烈编。王氏原有《集成曲谱》，曾风行一时，但由于抗日战争的发生，毁去大半，故又重新选出舞台习见之剧目一百出，分为八卷，有民国二十九年（1940）北京石印本。

四十八、四太史杂剧（明无名氏编）

《四太史杂剧》，为明无名氏编，其中所收杂剧四种，乃杨慎、王九思、胡汝嘉、陈沂之作，而此四人，都是出身翰林，故提名"四太史杂剧"。有明刊本，惜今不传，仅在日本松泽老泉的《汇刻书目外集》第五册中见有著录而已。

四十九、周宪王乐府三种（明朱有燉撰）

《周宪王乐府三种》，为明朱有燉撰。有明宣德年间宪藩刻本，及民国十六年（1927）上海蟫隐庐影印宪藩本。

五十、茶酒争奇（明邓志谟编）

《茶酒争奇》，凡三卷，为明人邓志谟编，专收有关茶酒之诗歌词赋及戏曲小说，汇集而成。有明天启四年（1624）清白堂刻本。

五十一、花鸟争奇（明邓志谟编）

《花鸟争奇》，凡三卷，为明邓志谟编，专收有关风月之诗歌词赋及戏曲小说，汇集而成。有明天启年间刻本。

五十二、梅雪争奇（明武夷蝶庵主编）

《梅雪争奇》，凡三卷，为明武夷蝶庵主编，专收有关梅雪之诗词歌赋及戏曲小说，汇集而成。有明天启年间刻本。

五十三、童婉争奇（明竹溪风月主人编）

《童婉争奇》，为明竹溪风月主人编，原名不详。凡三卷，专收有关童婉故事诗词、戏曲及小说等编辑而成。有明天启四年（1624）刻本。

五十四、曲考（清焦循撰）

《曲考》，清人焦循撰，全书收录元、明、清三代的戏曲简目，但未见有传本，仅在清人李斗的《扬州书舫录》（乾隆年间原刻本）中，载其全部。

五十五、祁氏读书楼书目（清祁理孙撰）

《祁氏读书楼书目》，清祁理孙撰。原标《奕庆藏书楼书目》，凡四卷，清初抄本，六册。其藏书中，戏曲极多，计有"名剧汇"七十二本，共收杂剧二百七十种，并有详目：杂剧十四本；抄本杂剧十二本；未定杂剧二帙；但在后三部分，惜无子目，无从获悉。

五十六、述古堂藏书目（清钱曾编）

《述古堂藏书目》，清钱曾编，乃为其所撰也是园书目之初编本。凡十卷，有清抄本。

五十七、楝亭书目（清曹寅撰）

《楝亭书目》，清曹寅撰，有清钞本，又有民国二十四年（1935）辽海书社辑印《辽海丛书》所收本。

五十八、鸣野山房书目（清沈复粲撰）

《鸣野山房书目》，清沈复粲撰。按前列祁氏读书楼书目，大都归沈氏所有，如《名剧汇》及元明戏曲多种，俱载此书目中，可惜未见刊行，仅有抄本传世。

五十九、汇刻书目（清顾修撰）

《汇刻书目》，清顾修撰，乃为历代丛书之综合性目录，故搜罗颇广，其中所载戏曲目录亦多，有清嘉庆年间原刻本，同治九年（1870）木活字本，光绪十五年（1889）上海福瀛书局刻增订本，民国八年（1919）上海千顷堂石印增订本。

六十、汇刻书目外集（日本松泽老泉撰）

《汇刻书目外集》，为日本松泽老泉撰，乃汇刻书目之续编，有日本大政三年（1820）刻本。

六十一、汲古阁六十种曲（明毛晋编）

《汲古阁六十种曲》，明毛晋编，凡一百二十卷，计收元人杂剧一种，明人传奇五十九种，为现存明代汇刻传奇最丰富而最重要之总集。有明崇祯间汲古阁原刻本及清道光年间补版重印本。另有民国二十四年（1935）上海开明书店重校排印本、1955年文学古籍刊行社重印本。

六十二、风月锦囊（明徐文昭编）

《风月锦囊》，明徐文昭编，有嘉靖三十二年（1553）刻本。但在我国，久已失传，现藏西班牙，仅香港大学冯平山图书馆曾拍摄照片一部。其中共收录明代传奇的选集四十种，多为不经见者。又有小曲一百多首，更为珍贵。

六十三、梨园雅调六十种（明无名氏辑）

《梨园雅调六十种》，明无名氏辑，共收明人传奇五十九种，清初人传奇一种，其中多为稀见珍本，可惜原书今已不传，仅在汇刻书目中，保存其目录而已。

六十四、传奇十种（明文林阁辑）

《传奇十种》，明文林阁辑，凡二十卷，共收明人传奇十种，有明万历年间金陵文林阁刻本。原为王国维藏书，后归日本京都大学文学部。

六十五、白雪楼五种曲（明白雪楼辑）

《白雪楼五种曲》，明白雪楼辑，共收明人传奇五种，皆为罕见流传者。有明崇祯间刻本。

六十六、传奇四十种（明无名氏辑）

《传奇四十种》，明无名氏辑，其中收录元人《西游记》杂剧，李玉评本《玉簪记》传奇，墨憨斋订本《传奇》三种，《粲花斋乐府》一种，汲古阁原刻残本传奇三十三种，共四十种，有明刻本。此书原无总题，日本新见雅宴编《御文库唐版书籍考》，松泽老泉编《汇刻书目》外集，并著录之，题为"传奇四十种"。但原书在中国不传，仅在日本宫内省图书寮有藏本。

六十七、古本戏曲丛刊（古本戏曲丛编刊委员会辑）

《古本戏曲丛刊》，为古本戏曲编刊委员会所辑印，共有四集，初集收宋元戏文、杂剧，明人传奇，共一百种，有1954年影印本。二集收明清两代传奇，共一百种，有1955年影印本。三集收明清两代传奇，共一百种，有1957年影印本。四集收元明两代杂剧一百二十册，三百七十余种，有1957年影印本。

六十八、玉夏斋传奇（清玉夏斋辑）

《玉夏斋传奇》，清玉夏斋辑，有明崇祯间刻本及清初时玉夏斋重印本。凡二十二卷，共收明人传奇九种，明人杂剧合集一种。所收传奇，原为单行刻本，至清初时，始取原刻版重印辑为一编，书名别题"十种传奇"。因其中《喜逢春》传奇一种，乾隆时曾为禁毁，故此集见于禁毁书目著录。

六十九、六合同春（清无名氏辑）

《六合同春》，清无名氏辑，凡十卷，计收元人剧一种，明人传奇五种，共六种，并系明陈继儒批评本。按此书原本乃明万历间萧腾鸿刻单行本，至清乾隆时，书林修文堂复取原刻重印。

七十、传奇三种（明无名氏编）

《传奇三种》，明刻本，共收明人传奇三种。有民国二十一年（1932）上海传真社石印明刻本。

七十一、汇印传奇第一集（近人郑振铎辑）

《汇印传奇》第一集，近人郑振铎辑，凡十二卷，共收明人传奇五种，清人传奇一种。有民国二十三年（1934）长乐郑氏影印明刻本。

七十二、水浒戏曲集第二集（近人傅惜华编）

《水浒戏曲集》，近人傅惜华编，选辑有关水浒故事之明人传奇善本六种，重校标点而成。有1958年古典文学出版社排印本。

七十三、词林一枝（明黄文华编）

《词林一枝》，明黄文华编，凡四卷，全书版式，分为三栏，上下两栏选刊明人传奇，中栏为散曲、杂曲及小曲等。有明万历间福建书林叶志元刻本。

七十四、八能奏锦（明黄文华编）

《八能奏锦》，明黄文华编，凡六卷，上下两栏载明人传奇，中栏为小曲。有明万历间书林蔡正河刻本。

七十五、玉谷调簧（明吉州锦居士编）

《玉谷调簧》，又名《玉谷新簧》《玉振金声》，明吉州锦居士编，凡五卷，版式分三栏，上下两栏，选录明人传奇，中栏全为散曲。有明万历三十八年（1610）刻本。

七十六、摘锦奇音（明龚正我编）

《摘锦奇音》，明龚正我编，凡六卷，版式分为二栏，上栏为小曲、酒令、灯谜等，下栏为明代传奇散出。有明万历三十九年（1611）书林张三怀刻本。

七十七、大明春（明程万里编）

《大明春》，明程万里编，又名《新调万里长春》，版式分为三栏，上下两栏，采录明代传奇散出，中栏则为小曲、杂诗、方语等。有明万历间福建书林金魁刻本。

七十八、乐府南音（明洞庭箫士编）

《乐府南音》，明洞庭箫士编，凡二集，前集选录明人传奇散出，后集则为散曲套数，有明万历间刻本。

七十九、徽池雅调（明熊稔寰编）

《徽池雅调》，明熊稔寰编，凡二卷，版式分为三栏，上下两栏，选录明人传奇散出，中栏则全系小曲。有明万历间福建书林燕石居主人刻本及民国年间（1930）上海石印本《秋夜月》所收本。

八十、尧天乐（明殷启圣编）

《尧天乐》，明殷启圣编，凡二卷，版式分为三栏，上下两栏，尽录明人传奇散出，中栏则选载酒令、灯谜、笑话等。有明万历间福建书林熊稔寰刻本及民国年间（1930）上海石印本《秋夜月》所收本。

八十一、吴歈萃雅（明梯月主人编）

《吴歈萃雅》，明梯月主人编，凡四集，前二集选录元明散曲套数，后二集则为元明传奇散出。有明万历四十四年（1616）刻本。

八十二、月露音（明凌虚子编）

《月露音》，明凌虚子编，凡四卷，全系选录明人散曲套数及传奇散出。有明万历间刻本。

八十三、赛徵歌集（明无名氏编）

《赛徵歌集》，明无名氏编，凡六卷，全系选录元明两代传奇之散出。有明万历间巾箱本。

八十四、词林逸响（明许宇编）

《词林逸响》，明许宇编，凡四卷，前二卷选载明人散曲套数，后二卷则为明人传奇散出。有明天启三年（1622）萃锦堂刻本。

八十五、南北词广韵选（明无名氏编）

《南北词广韵选》，明无名氏编，凡十九卷（系按照中原音韵之十九韵目分）选录元明两代杂剧传奇及散曲套数。有清代初年抄本。

八十六、玄雪谱（明锄兰忍人编）

《玄雪谱》，明锄兰忍人编，凡四卷，此选全为元明两代之杂剧及传奇散出。有明崇祯间刻本。

八十七、怡春锦（明冲和居士编）

《怡春锦》，明冲和居士编，别题《缠头白练》，凡六卷，其中所采取各剧，皆为明代传奇散出。有明崇祯间刻本。

八十八、缠头百练二集（明冲和居士编）

《缠头百练》二集，明冲和居士编，其初集即怡春锦，凡六卷，其中所采录者，皆为明人散曲套数及传奇散出。有明崇祯三年（1630）刻本。

八十九、缀白裘（明郁冈樵隐等选）

《缀白裘》，为明郁冈樵隐及积金山人合选，凡四卷，乃为元明两代杂剧、传奇之散出。有明刻本及清康熙间翼圣堂补修本。

九十、醉怡情（明青溪菰芦钓叟编）

《醉怡情》，明青溪菰芦钓叟编，不分卷，其中所选录者，乃元明两代杂剧传奇之散出，皆为当时流行演出之昆曲剧目。有明崇祯间刻本及清乾隆间重刻本，分为八卷，但内容全同。

九十一、南音三籁（明凌濛初编）

《南音三籁》，明凌濛初编，凡四卷，分为散曲及戏曲两部，每部二卷，所选者为元明两代南曲作品，评为天地人三籁，故书名标曰"南音三籁"。有清康熙间刻本。

九十二、万曲合选（清无名氏编）

《万曲合选》，清无名氏编，凡二卷，所选皆明传奇散出。有清代初年刻本。

九十三、歌林拾萃（清无名氏编）

《歌林拾萃》，清无名氏编，凡二集，不分卷，所选录者，乃元明两代之传奇散出。有清顺治十六年（1659）金陵奎璧斋刻本。

九十四、万锦清音（清方来馆主人编）

《万锦清音》，清方来馆主人编，原本伪托"玉茗堂主人辑"，不可信，凡四集，其中所选元明两代传奇散出，皆为当时流行之昆曲选出剧目，单页偶尔收录明人的散曲套数。有清顺治十八年（1661）方来馆刻本。

九十五、千家合锦（清无名氏编）

《千家合锦》，清无名氏编，不分卷，所选皆为明人传奇散出。有清乾隆间苏州王君甫刻袖珍本。

九十六、万家合锦（清无名氏编）

《万家合锦》，清无名氏编，不分卷，其中所选录者，皆为明人传奇散出。有清乾隆间苏州王君甫刻袖珍本。

九十七、昆弋雅调（清无名氏编）

《昆弋雅调》，清无名氏编，凡四集，版式分为三栏，上下两栏，选载元明清初杂剧及传奇散出，皆为当时剧场流行演出之昆弋剧目。中栏则选录诗歌、酒令、小曲、笑林等。

九十八、南词叙录（明徐渭撰）

《南词叙录》，明徐渭撰，不分卷，其中除所载南戏故外，附录金元旧编戏文，明朝传奇两目，乃为重要史料。版本有：钱塘丁氏旧藏壶隐居黑格抄本，民国六年（1917）武进董氏诵芬室刻读曲丛刊所收本，民国十年（1921）上海古书流通处石印曲苑所收本，民国十四年（1925）海宁陈氏石印重订曲苑所收本，民国二十一年（1932）上海六艺书局排印增补曲苑所收本，1959年《中国古典戏曲论著集成》所收本。

九十九、笠阁批评旧戏目（清笠阁渔翁撰）

《笠阁批评旧戏目》，清笠阁渔翁撰，不分卷，著录明代及清初人传奇名目一百七十九种，并无单行本流传，仅见于清雍正间刻笺注才子《牡丹亭》附刊本，有1959年《中国古典戏曲论著集成》所收本。

一〇〇、传奇品（清高奕撰）

《传奇品》，清高奕撰，其中著录明末清初传奇作家二十余人。现传版本有：近人刘世珩校辑清宣统二年（1910）刻暖红室汇刻传剧所收本，近人吴梅重校，民国七年（1918）北京大学出版部单行排印本，《曲苑》所收本，重订《曲苑》所收本，增补《曲苑》所收本。

一〇一、古人传奇总目（清无名氏撰）

《古人传奇总目》，清无名氏撰，其中著录宋元戏文、明代传奇共二百二十八种左右，现传版本有：暖红室汇刻传剧所收本，吴梅重校单行排印本，《曲苑》所收本，重订《曲苑》所收本，增补《曲苑》所收本。

一〇二、曲目表（清支丰宜撰）

《曲目表》，清支丰宜撰，不分卷，其中除所收元代杂剧、清代杂剧及传奇外，又收明人传奇及杂剧，有《曲苑》所收本，增订《曲苑》所收本。

一〇三、南词新谱（清沈自晋编）

《南词新谱》，清沈自晋编，凡十六卷，乃为重定沈璟《南九宫曲谱》之作，卷首附载"古今入谱词曲传剧总目"，所注作家小传，殊为重要，可资参考。有清顺治间刻本及民国二十六年（1937）北京大学出版部影印原刻本。

一〇四、明代杂剧全目（近人傅惜华撰）

《明代杂剧全目》，近人傅惜华撰，共著录明代杂剧五百二十三种，其中包括有姓名可考者三百四十九种，无名氏作品，一百七十四种，为现存明代杂剧总目之最为完整者，同时在每一作家名下，各系以小传，极为方便。有1958年北京作家出版社排印本。

一〇五、明代传奇全目（近人傅惜华撰）

《明代传奇全目》，近人傅惜华撰，共著录明代传奇九百五十种，其中包括有姓名可考者六百一十八种，无名氏作品三百三十二种，为现存明代传奇总目之最完整者，同时在每一作家名下，各系以小传，颇便参览。有1959年北京人民文学出版社排印本。

一〇六、中国戏曲总目汇编（罗锦堂编）

《中国戏曲总目汇编》，罗锦堂编，其中收录颇广，凡关于元明清及近代之戏曲资料，无不搜罗。有1966年香港万有图书公司排印本。

一〇七、明代剧作家研究（罗锦堂译）

《明代剧作家研究》，罗锦堂译，原著者为日本山形大学教授八木泽元博士。此书为八木泽氏在东京大学之文学博士论文，特别对明代剧作家周宪王、康海、李开先、陈与郊、梅鼎祚、汤显祖、臧晋叔、叶小纨八人之传记考证颇详，为研究明代戏曲之重要资料。有

1966年7月香港龙门书店排印本。

一○八、中国近世戏曲史（日本青木正儿撰、王古鲁译）

《中国近世戏曲史》，日本青木正儿撰，有王古鲁译著本。按此书最初于1931年，先后由商务印书馆、中华书局、上海文艺联合出版社出版，最后又由王氏加以修改，补充了许多参考资料，尤为珍贵。有1958年北京作家出版社印行本。

一○九、中国古典戏曲论著集成（中国戏曲研究院编）

《中国古典戏曲论著集成》，在1959年由中国戏曲研究院编印，共有十册，其中收录了唐、宋、元、明、清各代的戏曲研究史料，为研究中国戏曲者不可多得之珍籍。

一一○、明清戏曲史（近人卢前撰）

《明清戏曲史》，卢前撰，其中所论明清剧作家之时地、传奇之结构、短剧之流行等，颇值得我们参考。有1961年香港商务印书馆重印本。

一一一、明代剧曲史（近人朱尚文撰）

《明代剧曲史》，朱尚文撰。此书为专讲明代戏曲的著作，故较一般戏曲史为详。有1959年著者在台湾自印本。

一一二、元明清剧曲史（近人陈万鼐撰）

《元明清剧曲史》，陈万鼐撰，为近年来所见戏曲史中，资料最新而又最为丰富的著作，并详列参考书目，足见著者用力之勤。有1966年台湾中国学术著作奖助委员会印行本。

一一三、中国戏曲概论（近人吴梅撰）

《中国戏曲概论》，吴梅著，陈乃乾氏为之校阅，分为上中下三卷，其卷中专论明代戏曲。有1964年香港太平书局本。

一一四、中国戏剧史长编（近人周贻白撰）

《中国戏剧史长编》，周贻白撰。按本书是周氏根据他过去所著《中国戏剧史》（中华书局）增补而成，虽名曰"长编"，事实上是一本很完整的著作。有1960年北京人民文学排印本。

一一五、中国戏剧史讲座（近人周贻白撰）

《中国戏剧史讲座》，周贻白撰，其中元末南戏与明初传奇，明代杂剧传奇与所唱声腔，明代杂剧的演出各节，颇有参考的价值。有1958年北京中国戏剧社印行本。

一一六、元明清戏曲论文集（作家出版社编）

《元明清戏曲论文集》，共有两集，由北京作家出版社及人民文学出版社编辑部所编，第一集收录有关各代的戏曲论文五十三篇，第二集收二十九篇，共八十二篇。第一集有1957年作家出版社排印本，第二集有1959年人民文学出版社排印本。

一一七、明清传奇导论（近人张敬撰）

《明清传奇导论》，近人张敬撰，概括地介绍了明清两代传奇发展的情形，对初学颇为便利。有1961年3月台湾东方书局排印本。

一一八、明本传奇杂录（近人周明泰撰）

《明本传奇杂录》，近人周明泰撰，有1951年周氏自印本。此书对于每一传奇的版本，记录颇详，足资考订。